만다라와 미술치료(2판)

내적 고요와 창의적 자아를 찾아가는 여행

그림 김미현

그림 김 선 자

그림 류민수

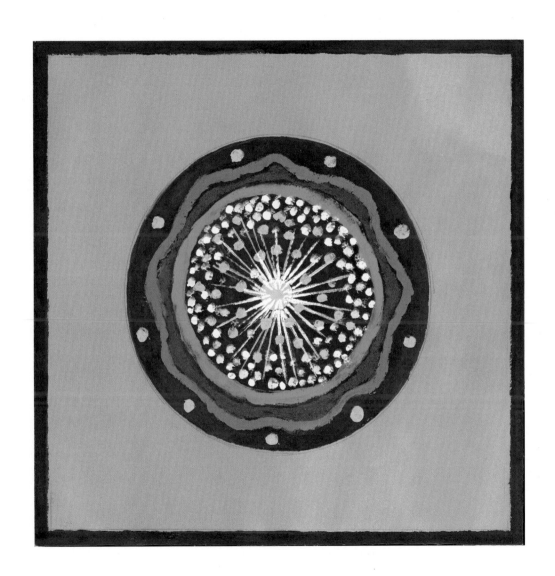

그림 김 연 해

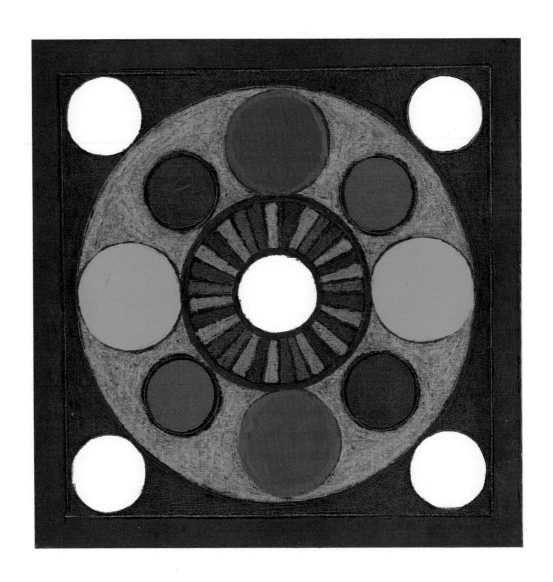

그림 김 연 해

그림 한정미

그림 김종희

mandala ——————————————— 2판

만다라와 미술치료

————————— 내적 고요와 창의적 자아를 찾아가는 여행

| 정여주 저 |

학지사

❋ 2판 머리말 ❋

　"만다라를 하루에 한 장씩 그리는 사람은 결코 심리적 문제에 시달리거나 정신병에 걸리지 않는다."라는 말씀을 10여 년 전에 독일의 미술치료 교수님에게서 들었을 때, 나는 솔직히 그 말씀을 완전히 믿기 어려웠다. 그러나 미술치료 공부를 시작한 후 스스로 만다라를 그리기 시작하면서, 교수님의 말씀을 좀 더 잘 이해할 수 있었다. 만다라를 그리면서 나도 모르게 그림에 몰두하게 되었으며, 다 그린 후에는 머리가 맑아지고 마음속 깊은 곳에서 고요한 기쁨이 솟아나는 것을 체험할 수 있었다. 만다라를 그리는 시간은 충만함으로 가득 찼고, 마치 수도원에서 피정을 한 것 같은 느낌이 들 때가 많았다. 그때부터 절에 있는 만다라나 고딕성당의 창이나 바닥에 그려진 만다라 형태들이 다르게 보였으며, 자연이나 일상생활에서 볼 수 있는 원 형태가 예사롭지 않게 보였다. 그 덕택으로 만다라를 불교미술로만 알고 있었던 나는 만다라가 동양문화에 제한된 것이 아니라, 우리가 살고 있는 일상생활과 문화에 깊이 연결되어 있으며 천체우주와도 관련이 있다는 것을 알게 되었다.

　이렇게 만다라에 대한 관심을 가지면서 고등학교 시절에 학교행사로 강강술래를 했던 기억을 떠올렸다. 환한 보름달 아래에서 선생님이 노래를 선창하시면 우리는 서로 손을 잡고 '강강술래'라고 응답을 하며 원을 만들어 운동장을 돌았다. 그때 하늘에 밝게 떠 있는 보름달과 울긋불긋한 한복을 입고 원을 만들며 운동장을 돌던 우리가 하나 된 느낌을 가졌다. 바로 우리의 민속놀이가 만다라의 아름다움을 그렇게 표현하고 있었으며, 그런 놀이가 깊은 의미를 가지고 있다는 것을 아주 오랜 시간이 지난 뒤, 그것도 이국 땅에서 강하게 느낄 수 있었다.

　몇 해 동안 미술치료 강좌를 해 오면서 참가자들이 만다라 그리기에 몰두하면서 치유적 힘을 얻고, 나아가 서로가 심리적 응집력을 얻는 경우를 많이 보았다. 또한 그들이 그린 만다라를 모아 전시하고 소개하면서 많은 사람의 관심과 호응을 얻기도 하였다. 이러한 경험에 힘입어 더 많은 사람과 만다라를 그리는 기쁨을 나누고 싶어 이 책의 출판을 계획하게 되었다.

　이 책은 크게 두 부분으로 나뉘는데, 전반부는 이론적 관점과 만다라의 제작법을 다루고 후반부에는 실제 만다라를 그릴 수 있도록 다양한 문양을 소개한다. 전반부에는 만다라의 의미와 상징 및 만다라가 현대인에게 시사하는 점에 대해서 살펴본다. 또한 만다라가 아동과 청소년의 내적 고요와 마음수양에 중요한 역할을 하고 있기 때문에 만다라의 교육적 의미를 다룬다. 뿐만 아니라 만다라가 지니는 치료적 힘을 강조하는 Jung의 만다라 체험과 더불어 만다라의 미술치료적 관점을 소개한다. 나아가 만다라 작업을 위한 명상적 준비예식과 만다라를 그리는 데 필요한 재료와 기법들도 소개하여 혼자서도 만다라를 그릴 수 있도록 도움을 주고자 하였다. 여기에서 빼놓을 수 없는 것으로, 만다라의 명상과 치료에 중요한 길잡이가 되는 만다라의 색과 형태 및 숫자에 대한 상징해석들을 제시한다. 그러나 이러한 상징해석은 그림을 그리기 전에 염두에 둘 필요는 없다.

후반부에 소개되는 문양들은 동서양에서 이미 널리 알려진 문양들과 자연에서 발견할 수 있는 문양들을 응용하여 재작업한 것을 모아 놓은 것이다. 명상을 위해 시나 명언들을 문양과 함께 제시하였다. 이러한 문양을 참고하여 자신만의 문양들을 제작하여 첨가할 수도 있고, 원하는 원을 그려 마음대로 그릴 수도 있다.

만다라 그리기가 필요한 대상은 환자뿐만 아니라, 아동과 청소년, 마음의 안정과 삶의 에너지를 찾고 싶은 이, 창의적인 사람이 되고 싶은 이라면 누구나 가능하다. 가정에서도 가족과 함께 명상음악을 들으며 만다라를 그리면, 가족애를 더욱 깊게 체험할 수 있을 것으로 믿는다. 무엇보다 만다라가 유치원부터 고등학교까지 모든 교육기관에서 학생들의 인성교육을 위해 많이 이용되기를 바란다. 만다라에 관심을 가진 교사들은 이미 만다라 그리기를 인성교육을 위한 주제로 연구하고 있는데, 이러한 연구가 교육현장에 많은 효과를 가져오리라 기대된다.

미비한 부분이 많지만, 이 책을 접한 독자의 관심과 조언 그리고 비판을 기다린다. 출판을 위해서 기꺼이 만다라 그림들을 보내 주신 김연해 선생님, 김종희 선생님, 솔그늘 회원님들, 문양 다듬기와 기법 소개를 직접 그려 주시느라 수고해 주신 한정미 선생님과 김두경 선생

님, 그리고 만다라를 즐겨 그려 선물로 보내 준 사랑하는 조카들에게
이 자리를 빌려 깊은 고마움을 전하고 싶다. 또한 만다라에 대한 관심
으로 기꺼이 출판을 허락해 주신 학지사의 김진환 사장님에게 진심으
로 감사를 드린다. 그동안 책의 출판을 기다리며 격려해 주신 많은 분
과 책이 나오기까지 세심한 배려를 해 주신 편집부 직원 여러분에게도
고마움을 전한다.

2014년 8월
정여주

✵ 차 례 ✵

 이론편

만다라 문양의 실례

이론편

제1장 만다라의 정의와 의미

만다라(曼荼羅, Mandala)의 어원은 고대인도 범어(산스크리트)로서 뜻은 원(circle)이다. 인도 문헌에 의하면 만다라는 서책의 장(章), 국토(國土)의 구획 등을 의미하는 데 쓰였으며(홍윤식, 1996), 주로 상징주의 철학과 신비주의적 특징을 지니는 인도불교의 밀교(密敎) 용어로 사용되었다. 밀교에서는 만다라를 '만다(曼荼, manda)'와 '라(羅, la)'로 나누어 설명하는데, 만다(曼荼)는 중심 또는 본질을 의미하는 접두어이며, 라(羅)는 소유 혹은 성취를 의미하는 접미사다. 즉, 만다라의 정의는 중심과 본질을 얻는 것, 마음속에 참됨을 갖추고 있거나 본질을 원만히 하는 것이다(김용환, 1998; 홍윤식, 1996).

밀교에서는 만다라의 명상을 통하여 중심과 본질을 얻는 깨달음의 길을 안내하는데, 이를 가시적(可視的) 만다라와 비가시적(非可視的)

만다라의 정의
중심과 본질을 얻는 것, 마음속에 참됨을 갖추고 있거나 본질을 원만히 하는 것

만다라로 구분하고 있다.

- 가시적 만다라(可視的 曼荼羅): 가시적 만다라는 시각적으로 볼 수 있는 불화(佛畵)이며, 대표적으로 티베트 불교의 회화와 건축양식에 표현되어 명상의 도구가 된다. 가시적 만나라의 구조는 중심과 원주로 이루어진 완전한 원의 형태를 이루며 정방형으로도 형상화한다. 이러한 형상은 중심과 원주나 경계에 의한 안과 밖, 즉 성역과 속세의 영역을 표현하고 있다. 가시적 만다라는 중생이 영성체험을 통하여 얻은 깨달음의 경지를 시각적으로 형상화한 것이다.
- 비가시적 만다라(非可視的 曼荼羅): 관상(觀相)과 자성(自性) 만다라로서 인간의 마음이나 신체를 소우주로 생각할 수 있는 내적 만다라다.

　가시적 만다라는 불교회화와 건축양식뿐만 아니라 다른 종교에서도 볼 수 있는데, 한 예로 천주교의 고딕성당에 있는 원화창이 만다라 형상이다. 이러한 형상은 종교적 명상의 도구가 된다. 그러나 가시적 만다라는 종교화에 국한된 것이 아니라, 자연과 모든 창조의 역사에서 가장 쉽게 발견할 수 있는 우주의 근원적 형상이다. 이러한 근원적 형상의 만다라는 신과 인간, 생명의 창조와 우주의 상호작용을 나타내는 상징적 표현으로서, 인간의 정신과 육체에 내면화되어 비가시적으로 항상 존재하게 된다.

서로 분리되지 않고 공존하는 가시적 만다라와 비가시적 만다라의 총체적 의미를 세 가지 영역으로 나누어 보면 다음과 같다.

첫째, 만다라는 개인적 삶의 영역, 즉 소우주 영역을 나타낸다 (Schmeisser, 1997). 만다라를 바라보며 깊이 묵상을 하는 사람은 자기의 중심에 있으며, 동시에 자신이 삼라만상의 존재와 서로 연결되어 성스러운 우주에 속해 있는 것을 의식한다. 개인적 삶의 영역으로서 만다라를 심층심리학적 관점에서 접근한 대표적 심리학자는 Jung이다. 그에 의하면 만다라는 원형적 통일체(archetypische Ganzheit)를 상징한다(Jung, 1982). 원형적 통일체가 의미하는 것은 만다라가 고대의 여러 문화에서 다양한 형상으로 존재해 왔으며, 이러한 것이 현대인들의 꿈이나 무의식적으로 그린 그림을 통하여 원형적(原型的) 상징언어로 나타난다는 것이다.

둘째, 만다라는 우주적 영역을 나타낸다. 만다라는 소우주 영역뿐만 아니라, "무한공간과 시간을 포괄하는 영원성의 상징"(석도열, 2000)인 대우주 영역을 나타낸다. 대우주 영역으로서의 만다라는 바로 자연의 신비를 상징적으로 표현한다. 인간은 우주의 질서와 조화의 신비 속에서 항상 자신의 진정한 모습과 마음의 고향을 찾고자 한다. 만다라 수행을 하는 사람은 만다라에서 우주의 질서와 본질을 깨닫게 되며, 자신의 생명과 우주와의 관계를 터득할 수 있다.

셋째, 만다라는 신적 영역을 나타낸다. 만다라는 가시적으로 나타난 신성(神性)이며 초월적 현실을 추상적으로 묘사한 것이다. 그렇기 때문에 만다라는 내적 관조와 명상을 투영하고 내면의 체험을 심화한다.

제2장 만다라의 존재와 상징

만다라의 기본 형태인 원은 우리가 살고 있는 자연과 주변 환경의 어느 곳에나 존재한다. 태양, 보름달, 꽃, 나무의 나이테, 거미줄, 새집, 달팽이, 조개, 소라고둥, 과일과 과일의 단면들, 물레방아, 시계, 팽이, 바퀴, 교회의 색 유리창, 소용돌이, 동심원, 사람과 동물의 눈 등에서 볼 수 있듯이 만다라 형상은 수없이 많다. 사계절과 천체의 운행도 바로 만다라 구조를 따르고 있지 않은가! 이처럼 만다라 형상은 근본적으로 인간세계를 감싸고 있는 삼라만상의 원리에 의해서 창조된 것이며 우주의 흐름을 표현한 것이라고 할 수 있다.

인간은 자연의 규칙적인 변화와 질서를 의식적·무의식적으로 체험하고 살아왔으며, 그러한 체험을 이미 오래전부터 만다라 형태로 표현해 왔다. 즉, 만다라는 우주의 현상과 인간의 삶에서 떼어놓을 수 없는 것이며, 인간 무의식에 자리잡은 원형(原型)으로서 수많은 종족의 다양한 문화에서 흔적을 남기고 있다. 가장 가깝게 관찰할 수 있는 예로, 그림을 그리기 시작하는 나이가 된 어린이들은 원의 형태를 가장 많이 그린다. 어린이들은 그림 그리는 것을 배우지 않아도 원으로 사람의 얼굴과 꽃과 태양 등을 표현한다.

만다라의 문화적 의미

　　인간의 원형으로 자리잡은 만다라 형태가 상징적 의미를 지니고 있다는 증거는 많은 문화유적을 통해서도 알 수 있다. 예를 들어, 이집트의 신화, 아시아, 유럽, 북미, 남미, 아프리카, 남태평양 등의 전통문화에서 원은 우주를 상징하며 창조신화를 표현하고 있다(Wuillemet, 1998). 원으로 표시한 12개의 동물자리, 원으로 표현한 사계절, 태양과 달과 별의 원형적 운행, 멕시코의 원형 태양석인 아즈텍 달력, 그리스 크레타의 미로(迷路), 스톤헨지나 동굴벽화의 그림 등이 대표적인 만다라 상징 형상이다.

만다라의 명상적 의미

　　만다라 형상은 동서양의 여러 문화권에서 초월적이고 정신적인 의미를 나타내고 있다. 만다라를 정신적 삶, 초월적 존재의 상징으로 표현하는 문화권에서 원의 형상은 기도와 명상을 위해 중요한 역할을 한다. 예를 들어, 티베트의 만다라 불화, 한국과 중국에서 볼 수 있는 음양의 완전한 결합체인 태극 형태, 그리스도교 미술의 성화(聖畵)에 표현되는 예수와 성인(聖人)의 후광 등이 그러한 것들이다. 북아메리카의 나스카피 원주민들은 그들이 숭상하는 초월적 존재인 '위대한 분'을 사람의 모습이 아니라, 만다라 형상으로 표현한다(Jung, 1982).

　　동양의 불교와 서양의 중세 신비주의자들에게 원은 주로 명상과 내적 조화와 깨달음을 위해서 사용되어 왔다. 만다라를 보며 명상에 잠기거나 만다라를 그림으로써 내적 고요와 집중력을 얻게 되어 내면의 심상을 들여다볼 수 있으며, 나아가 진리를 터득하는 깨달음의 경지에 이르게 된다. 4세기에서 7세기까지 인도의 철학적·종교적 운동이었던 탄트리즘은 만다라에 많은 영향을 끼쳤다(김용환, 1998). 이에 영향을 받아 발전된 만다라는 원의 형태로 우주를 표현하였으며, 만다라 도상에 나타난 색과 형태를 통하여 깨달음의 길을 추구한다. 만다라의 그림에 나타난 색과 형태는 특정한 의미와 기능을 가지고 있다. 불교와 힌두교에서는 만다라를 보거나 그리는 것은 종교적 전례행사이며, 이러한 의례는 깨달음을 얻기 위한 수행에 필수적 요인이다. 불교의 승려들은 만다라를 통한 수행에서 만다라를 그릴 동안이나 그리고 난 후에, 이러한 상징성에 마음을 모아서 자기 안에 깊이 침잠하여 명상에 잠긴다. 즉 자신의 현재 상황을 나타낸 색과 형태를 통하여 자신을 다시 들여다보며 우주적 표상인 만다라와 일체가 되는 것이다. 인도인과 티베트인은 종교생활을 하는 데 있어서 일상에서도 항상 정해진 장소에 만다라를 걸어 두고 명상을 한다.

　서양의 예로는, 12세기 독일의 위대한 여성 신비주의자이며 대수도원 수녀원장이었을 뿐만 아니라 의학, 자연과학, 건축, 자연치료법, 예술에 탁월한 재능을 보인 Hildegard von Bingen은 어린 시절부터 알과 원의 형상 안에 있는 신비로운 조재로 비전을 보았다(Kastinger Riley, 1998). 그녀의 이러한 신비체험이 후에 만다라 그림으로 재현되었다. Hildegard가 명상 중에 본 만다라 형태의 비전(vision)들은 후세의 수도자들에게도 명상을 위한 중요한 자료가 되고 있다. 또한 고딕건축을 대표하는 프랑스의 노틀담 성당이나 독일의 쾰른 성당 등의 색유리 원화창(圓花窓)은 천주교인들의 종교적 명상에 중요한 역할을 한다. 또한 만다라의 다른 형상인 미로는 많은 문화유적에서 볼 수 있다. 프랑스의 샤르트르 대성당 바닥의 미로는 교인뿐 아니라 여행객들에게도 미로 걷기로 초대하는 명상적 만다라다.

만다라의 치유적
의미

만다라의 또 다른 역할로서 만다라의 치유적 힘을 믿는 문화권도 있다. 예를 들어, 아메리카 원주민인 나바호족들은 모래 만다라를 통하여 상처와 병을 치유한다. 병을 치료하는 주술사는 색 모래를 사용하여 환자의 몸에 만다라를 그리거나, 신성한 땅이라고 지정된 곳에 색 모래로 만다라 모양을 그린다. 또 다른 문화권에서는 가옥과 마을도 만다라 형태로 지으며, 이러한 만다라가 주는 상징을 자연과 우주와 그들이 살고 있는 가옥과 마을에 하나로 연결하려 한다(Fiala, 1997).

만다라가 종교적 의례, 창조신화의 전례, 자연과의 합일, 자기발견을 위한 영성체험, 혹은 치유 등의 서로 다른 목적을 위하여 그려진다 하더라도, 인간은 만다라를 통하여 궁극적으로 자연과 우주와의 합일을 체험하게 된다. 만다라에 대한 이러한 의식으로 우리는 자신의 존재와 인성을 더 잘 알게 되며, 나아가 우주의 원리와 조화를 깨달을 수 있다. 즉, 우리는 만다라를 통하여 소우주인 인간과 대우주의 의미와 상호관계를 깊이 체험하게 된다.

제3장 만다라의 현대적 의미

오늘날 구미(歐美)에서는 만다라에 대한 관심이 증가하여, 만다라 그리기와 만다라 명상이 매우 활발하게 이루어지고 있다. 원래 만다라는 종교적 의례로서 불교의 성전이나 사찰에서 중생의 성불을 위해 제작하거나, 그리스도교에서 원화창이나 미로 형상으로 기도와 명상을 위해 제작되었다. 그러나 현대인들은 일상생활에서도 만다라를 바라보며 명상에 잠기거나, 만다라를 그리는 영성(靈性)체험을 통해서 자아를 찾고 내적 풍요로움을 맛봄으로써 건강하고 조화로운 삶을 영위하고자 한다. 이들은 자아 성장을 위한 체험뿐만 아니라, 나아가 교육 현장, 치료적 영역 및 창의적 작업에도 만다라의 의미와 역할을 다양하게 적용하고 있다.

이러한 현상은 자본주의적 사고가 팽배하고 소비적 삶이 일상화된 현실에 살고 있는 현대인들이 만다라를 종교적 의례에서만 볼 수 있는 것으로 여기는 것이 아니라, 만다라가 지니는 의미를 자신의 일상생활에서 더 가깝게 만나고 체험하고 싶은 욕구를 나타낸 것이라고 볼 수 있다. 현대인들은 분석적이고 논리적인 사고능력을 최대한 발전시키려 하며, 이러한 능력을 감정이나 영감, 공감 등의 감성적인 면보다 훨씬 높이 평가하는 경향이 있다. 이러한 결과로 오늘날의 우리는 상상력과 판타지의 결여, 감정표현의 어려움과 감정이입의 장애, 인간관계와 자신의 문제에 대한 해결능력에 많은 문제를 안고 있는 실정이다. 나아가 현대문명은 자아의 상실, 인간관계의 해체뿐만 아니라 인간과 자연을 분리하고 있다. 인간의 개인주의적 욕심을 위해 행해지는 자연훼손과 자연파괴는 오늘날 인류가 겪는 생태계의 위기를 자처하고 있으며, 그로 인해 우리는 시시각각 생존의 위기감을 느끼고 있다.

이러한 개인적 · 사회적 · 자연적 현상과 관련하여 볼 때, 만다라에 대한 관심은 분석적이고 합리적이며 비판적인 사고를 강조하는 현대사회의 한계와 개인적 생활 위주의 현상, 참된 자기와 자아의 분리로 생기는 불안감과 소외감을 극복하고자 하는 데서 기인한다고 볼 수 있다. 즉, 만다라 체험의 관심이 증가하는 것은 분석적 · 이성적 사고의 한계와 일상에서 느끼는 심리적이고 정신적인 불안에서 벗어나 자기와의 통합, 우주와의 합일을 찾으려는 의식적 · 무의식적 욕구라고 할 수 있다. 이러한 점에서 만다라는 인간 문제의 해결과 정신적 · 영적 정진에만 제한된 것이 아니라, 인간과 인간, 인간과 자연, 나아가 우주와의 관계를 회복하는 역동적이고 생명력이 넘치는 더 확대된 영성체험으로까지 전개될 수 있다.

만다라는 종교적 목적이나 명상과 영성체험을 위한 것이든, 자기 성장이나 정신적·신체적 이완과 치료를 위한 것이든, 교육적 차원이든, 궁극적으로는 인간의 한계 상황을 극복하고 통합된 삶을 지향하려는 현대인들의 고향과 같은 존재다. 만다라를 그리게 되면 조화와 균형이 잡힌 만다라의 구조 때문에 만다라가 주는 에너지의 흐름을 느끼게 된다.

만다라를 통한
통합된 삶의 지향

만다라를 그리는 사람은 만다라를 그리는 동안 일상의 일거리, 근심, 걱정 등을 잊고 편안해지며, 그리는 것에 몰두하고 자신에 침잠하게 된다. 그에 따라 호흡도 규칙적인 리듬을 타게 된다. 만다라가 지닌 둥근 형태의 작업은 바로 자신도 모르게 마음을 원만하게 해 주는 특성이 있다. 만다라를 보며 명상에 잠기거나 만다라 문양에 색을 칠하거나 직접 만다라를 창작하는 사람은 누구든지 그러한 활동을 통하여 감정과 정신상태가 빨리 균형을 이루고 생동감을 얻게 되며 내적 충만을 체험할 수 있게 된다. 만다라 작업을 혼자 하든 집단에서 다른 사람들과 함께 하든, 만다라 그리기에 몰두하는 모습들은 바로 그들이 얼마나 자기의 내적 고요에 침잠해 있는가를 증명할 수 있다. 이러한 고요의 상태가 자신과 합일되는 순간이다. 바로 그 순간은 'here and now'를 체험하는 기회다. 또한 자연을 모델로 한 문양들이 많은 만다라를 그리게 되면서 자신도 자연의 일부라는 느낌이 마음속에 스며들 수 있다. 자연과 일체감을 느낄 수 있는 현상이 이루어지는 것이다.

다음에는 만다라 미술치료와 활동 사례를 통해 만다라가 끼치는 영향을 함께 생각해 보고자 한다.

✿ 사례 1

어떤 것에도 관심과 의욕이 없고 공격적 성향을 많이 보이는 중학생 소녀가 미술치료를 받던 중 만다라를 그리는 기회를 가졌다. 필자는 처음에 문양이 있는 만다라를 두세 개 제시하면서 그녀가 스스로 한 개를 선택하여 원하는 색을 칠하는 작업을 하도록 제안하였다. 항상 투덜거리고 욕을 하며 치료사의 지시를 따르지 않고 고집을 부리던 이 여학생은, 만다라를 그리기 시작하면서 전에 없이 조용해지고 그림을 그리는 데 몰두하는 모습으로 변하였다. 말이나 행동이 매우 거친 반면 그림을 그리는 데는 자신감이 없고 소심하던 이 여학생은 만다라 그리는 작업을 하고 난 후부터는 그림 그리는 것을 즐겨하고, 색칠을 할 때는 집중력을 보였으며, 매 회기마다 스스로 만다라를 그리겠다는 자율성을 보였다. 몇 회가 지나면서 심지어는 치료사인 필자에게 함께 그리자는 제의까지 하였다. 이 학생은 만다라를 그리면서 치료과정 중 처음으로 환하게 웃는 모습을 보였다. 그 이후로 이 여학생은 몇 주 동안 만다라 그리는 것만을 원했으며, 자신이 그린 만다라를 보면서 "예쁘다." "액자로 해서 집에 걸어 두어야겠다." "선생님에게도 선물을 줄까요?"라고 말하였다. 이러한 긍정적 변화는 여학생이 자신에게 몰두하여 중심을 향하는 작업을 통하여 내적으로 평화로움과 조화를 느낌으로써 자신 안에 있는 잠재된 힘을 스스로 찾게 되는 만다라의 영향력이라고 본다.

✿ 사례 2

20대에서 60대의 여성들이 만든 만다라를 위한 소모임이 있다. 그들은 일주일에 한 번씩 만나 함께 만다라를 그리고, 그에 대한 체험을 나누는 자기성장을 위한 모임을 갖는다. 생활환경과 연령이 다른 이 모임의 여성들은 자신들이 겪는 일상의 감정이나 개인적인 슬픔, 기쁨이나 근심, 여행에서의 느낌 등을 색과 형태로 만다라에 표현한다. 그들은 고요 속에서 색의 조화와 구성에 몰두하고, 그림을 마친 후에는 천진한 아이와 같은 표정으로 새로운 기운을 얻는 모습을 보인다. 함께 그러나 혼자가 되는 만다라 작업을 마친 후에, 만다라 모양으로 둘러앉아 점심 식사를 하며 만다라를 그리는 것에 대한 경험을 나누는 그들의 모습은, 마치 의례를 마친 후에 잔치를 하는 집단을 생각하게 한다. 그들은 개인적으로는 집에서도 매일 만다라를 그리면서 알 수 없는 힘이 내면에서 솟아나고 마음이 차분해진다는 말을 자주 한다. 그뿐만 아니라 그들이 만다라를 그리면서 더 수용적이고 인내심이 많아졌으며 명랑해졌다는 것을 가정의 자녀들도 느낀다고 한다. 그들은 오랫동안 그린 만다라들을 모아 스스로 액자를 만들어 전시회를 개최하여 많은 사람의 호응을 얻기도 하였다.

만다라를 그리거나 만다라를 보고 명상에 잠김으로써 인간은 자신의 감정을 알아내거나 수용하게 된다. 혹은 삶에서 어려움과 위기를 겪는 시기에 만다라를 그림으로써 자기 자신을 발견하고 자아치료를 하게 된다. 그들이 경험한 공통점은 만다라를 보며 명상에 잠기거나 만다라를 그림으로써 자신에게 집중하여 내면의 소리를 듣고 자기의 일체감을 체험하며 내적 질서와 힘을 얻은 것이다. 이것은 Cornell(1994)이 만다라가 잠재된 정신력을 활성화하는 재생력과 치료적 힘을 지니고 있다고 주장한 것과 같은 의미다. 화가로서 미술을 심리학, 철학, 과학, 영성과 통합하고자 한 Cornell은 수많은 만다라 워크숍을 통하여 만다라가 마음을 집중하게 할 뿐만 아니라 내적인 마음을 열게 하며, 심신을 차분히 하고 이완하는 효과를 주어서 치유적 역할을 한다는 것을 증명하였다.

만다라를 통한 깨달음의 영성세계를 소개하고 있는 김용환(1998)은 현대문화의 부정적 면들의 대안으로서 만다라 체험이 시사하는 바를 다음과 같이 요약한다.

첫째, 진리에 대한 다양하고 유연한 자세를 보게 된다. 이러한 다양한 수용은 첨예화된 현대인의 분열양상을 극복하는 데 귀감이 된다.

둘째, 우주의 삼라만상과 인간 자신의 상호관계에 대한 직관적인 예지, 정관적(靜觀的) 자각(自覺)의 계기가 된다. 이는 곧 정신치료적 기능이 된다.

셋째, 인식 내용과 인식 대상과 의례수행자의 일체감을 경험하는 전체적인 조감능력이 생긴다.

넷째, 만다라의 그림은 인간의 내면 세계를 구상적으로 표현하여 진리를 파악하기 위하여 오감을 적극적으로 활용하는 태도를 기르게 된다.

다섯째, 총체적인 시각을 가지게 된다. 여러 종교의 상징적 표현의 미를 해독할 수 있다.

제4장 만다라의 교육적 의미

1. 고요체험

　산만하고 집중력이 없거나 무기력하고 의욕이 없는 자녀의 문제로 상담을 요청하는 부모들은 대부분 자녀의 문제에 대해 다음과 같이 서술한다.

자녀의 문제

- 우리 아이는 1분도 가만히 있지를 못합니다.
- 우리 아이는 식당이나 모임에 가면 저지레를 하거나 소리를 지르며 뛰어다니기 때문에 함께 외출을 하지 못합니다.
- 우리 아이의 담임선생님은 이 아이가 수업시간에 다른 아이들을 방

해하고 수업에 집중하지 않는다고 하십니다.

- 우리 아이는 집에서 TV를 켜 두거나 컴퓨터 게임을 하는 것 외에는 무엇을 해야 할지 몰라 멍하게 있습니다.
- 조그만 일에도 자극을 받아서 책상 앞에 앉아 집중하지 못합니다.
- 우리 아이는 어떤 일도 스스로 하지 못합니다. 어떤 것에도 관심이 없고 의욕도 없습니다.

이러한 상담 내용은 부모들뿐만 아니라 초·중·고등학교의 교사들에게서도 자주 듣는다. 오늘날 학교에서는 많은 학생이 집중력이 부족하고 산만하다. 이들은 수업시간조차도 소란을 피우거나 아무런 의욕을 보이지 않고 멍하니 앉아 있거나 책상에 엎드려 잠만 자기 때문에, 교사가 수업을 하기가 점점 더 힘들어진다고 한다. 교사의 '감독'이 없으면 교실은 난장판이 되며, 무질서한 상황이 갈수록 더 심해지고 있다. 특수교육 상담에서도 집중력 부족과 산만함 혹은 무기력과 대인기피증으로 학교생활에 적응하지 못하는 아동과 청소년의 사례가 점점 증가하고 있다.

오늘날의 이러한 현상은 가정과 학교뿐만 아니라 사회가 함께 책임감을 가지고 해결해야 할 문제들이다. 오늘날의 아동들, 특히 도시의 아동들은 어릴 때부터 엄청난 소음과 시각적 자극 속에서 자라고 있다. 그들은 아주 어린 시절부터 언제 어디서나 TV, 라디오, 컴퓨터 게임, 교통소음, 전화기 소리, 광고, 선전 등의 자극을 받아 고요한 시간

고요가 없는 환경

을 누릴 수가 없다. 더구나 아동들이 보고 듣고 만지는 것들은 대부분 자연과는 거리가 먼 것들이다. 그들의 감각은 인위적 자극의 홍수에 길들여지고 있다. 그 결과, 아동들은 자율적으로 집중할 수 있는 능력을 방해받고 쉽게 산만해지며 오히려 조용한 것을 견디기 어려워하는 경우가 많아졌다.

아동들이 가정에서나 사회에서 자신의 내적 성장을 위해 중요한 요소인 고요한 시간과 공간을 체험하지 못한 채 자라고 있다는 것이 우리의 현실이다. 우리의 아동들은 내적 성장을 할 수 있는 여건을 잃고 있다. 이처럼 어릴 때부터 조용한 시간과 공간을 갖지 못한 아동들이 집중력이 부족하고 산만한 것은 당연한 결과다. 내적 성장을 무시하고 외적으로 보이는 발전에만 급급한 환경과 교육은, 아동과 청소년의 감성과 창의성의 발전을 저해할 뿐만 아니라, 건강한 성인으로 성장하는 길을 방해한다.

아동과 청소년이 학교생활에서 산만하고 무질서하여 교육을 잘 받을 수 없다는 것은, 교육의 또 다른 위기다. 이러한 위기를 타개하기 위해서는 어른들의 강요나 타율에 의한 빈틈없는 수업과 학교생활을 강조할 것이 아니라, 우선 아동과 청소년이 스스로 자신의 내적 힘을 기를 수 있는 여지를 만들어 주어야 한다. 가정에서나 사회에서는 고요한 시간과 공간을 제공하지 않으면서, 학교에서만 외적인 침묵이나 조용함을 강요하는 것은 오히려 더 많은 소란을 야기하여 결과적으로 이러한 것을 감당할 수 없는 지경에 이르게 한다. 집중력과 고요함이 결여된 교육과 환경에서 아동의 인성교육을 하기 어려운 것은 당연한 결과다.

오늘날 부모와 교사들에게 중요한 과제 중의 하나는 아동과 청소년에게 내적 고요를 체험하게 하는 것이다. 이것은 가정과 학교, 나아가 사회에서도 연계되어 이루어져야 하는 아주 시급한 교육적 조처다. "아동 혹은 아동의 내면에 있는 인간은 자기 내적인 것에서부터 성장하여 그에게 진실한 인간적인 연결고리를 가져다주는 것들과 관계를 맺을 수 있을 때에만 성숙한다."라는 Montessori(1972)의 말은 고요체험의 중요성을 시사하고 있다.

아동이나 청소년이 자신의 일에 몰두하여 조용할 수 있고 자신의 내면의 소리나 타인의 말과 자연의 소리를 들을 수 있는 것은 고요한 가운데 이루어질 수 있다. 한 인간이 내적으로나 외적으로 고요할 수 있고 원만하며 조화롭다는 것은, 그가 정신적·육체적으로 건강하다는 것이다. 한 개인이 고요를 체험하기 위해서는 시간적·공간적 준비가 되어야 하며, 규칙적인 훈련이 있어야 한다.

산만함, 소란 그리고 인위적 자극의 홍수 때문에 자신의 문제뿐만 아니라 인간관계에서 갈등을 겪게 되는 아동과 청소년에게 만다라를 그리게 하는 작업은, 그들이 고요를 체험하여 자신의 에너지를 긍정적으로 찾을 수 있도록 하는 훌륭한 길잡이가 된다. 만다라를 그리는 작업을 통하여 그들은 만다라가 주는 균형과 조화에 몰두하게 되고, 스스로 고요를 체험하게 되며, 동시에 창의적 활동에 무의식적으로 참여하게 된다. 또한 집단에서 이루어지는 만다라 작업을 통하여 그들은 함께하는 기쁨과 재미를 경험한다.

고요체험과 창의적 작업으로서의 만다라는 장애, 문제행동이나 병이 있는 아동에게만 의미 있고 적절한 것이 아니라, 건강한 모든 아동에게도 즐거움과 재미를 주고, 내적·외적 힘의 균형을 느끼게 하며, 창의성에 대한 자신감을 준다. 이러한 이유 때문에 만다라 활동을 인성교육에 적용시키는 것은 필요하고도 유용하다.

2. 만다라와 인성교육

최근 구미에서는 이미 유치원에서부터 만다라 그리기와 명상을 교육적으로 다양하게 적용하고 있다. 아동들에게 만다라를 그리도록 하는 것은 그들의 집중력을 향상시키고 창의성과 미적 능력뿐 아니라 인성발달을 육성하는 데 있다. 뿐만 아니라 만다라 그리기는 행동과 정서에 문제가 있는 아동들에게는 심리치료적 효과가 있다. 만다라를 그리거나 그에 대한 명상은 일시적 혹은 장기적으로 겪고 있는 아동들의 심리적 분열 상태를 통합해 주고, 그들이 겪는 다양한 불안으로부터 자유롭게 해 주며, 소음과 시각적 자극으로부터 받는 긴장을 완화시켜 준다. 또한 아동들이 외적 스트레스에 대해 자신을 극복할 수 있는 준비를 하게 하고 정신적 힘을 기르게 한다. 아동과 청소년은 이러한 내적 힘을 얻음으로써 행동에 변화가 나타나고 자신감을 갖게 되며 사회성도 발달한다.

만다라를 그리는 활동은 학생들이 집중력을 기르고 고요한 가운데

머무를 수 있도록 하는 데 아주 유효하게 적용된다. 필자는 얼마 전에 초등학교와 중등학교 교사들에게 학교에서 학생들과 만다라를 그리는 시간을 가져 보도록 제안한 적이 있다. 만다라 그리기를 시도한 교사들은 이구동성으로 학생들이 매우 빠른 시간에 작업에 몰두하고 즐겨 하였으며 만다라 그리는 다음 시간을 기다렸다는 피드백을 주었다. 한 예로, 매우 산만하여 수업시간에 5분도 자리에 앉아 있지 못하는 초등학교 5학년인 한 학생은 만다라를 그리면서 처음으로 조용히 그리기에 몰두했다. 담임 교사는 그러한 현상을 거의 믿을 수 없었다고 전했다.

만다라를 그리는 아동들, 그것도 산만한 아동들이 만다라에 색칠을 하면서 매우 조용해지고 자신의 작업에 진지하게 집중하여 심취하는 경우를 관찰하면, 소란을 피우는 아동들은 교사나 부모의 엄격한 통제를 받아야만 한다는 통념에 의구심을 가지게 된다. 아동들은 만다라를 그리면서 자신도 모르게 고요의 세계로 빨려들어 간다. 만다라를 그리는 동안 아동들 자신이 스스로 이루어 놓은 고요는 점점 더 깊은 뿌리를 가지게 된다. 즉, 그들의 호흡은 규칙적이 되어 신체적 이완상태에 이르게 되며, 주변 환경을 의식하지 않고 아주 침착한 상태에 이르게 된다. 이처럼 자신들이 이룩한 고요가 감도는 상황에서 아동들은 편안하게 보호받는다는 느낌과 동시에 집단의식을 체험하게 된다. 이러한 현상은 중·고등학생들에게 만다라 그리기 명상을 시행했을 때도 같은 결과로 나타났다. 어떤 여학생은 "학교에서 그림을 통해 이러한 명상을 한 것을 잊을 수 없어요."라는 피드백을 전하기도 했다.

고요를 체험한다는 것은 교사나 부모의 지시, 즉 외부의 지시에 따라 일시적으로 침묵을 지키는 것이 아니라, 자신 스스로 고요해져서 자신의 세계에 침잠하는 것이다. 이러한 내적 고요는 주변의 환경도 중요한 역할을 한다.

고요와 집중력은 교육의 열쇠가 된다. 아동교육학자인 Montessori (1972)는 아동의 집중력은 그들의 인성발달에 영향을 미친다고 강조하면서, 집중력의 극대화 현상(Das Phänomen der Polarisation der Aufmerksamkeit)을 교육의 기본으로 삼았다. 아동은 어떤 상황에서 아주 깊은 집중력을 경험하게 되면 변하게 된다. 즉, 조용해지고 더 이지적이고 개방적이 되며 융통성이 많아진다. Montessori는 "내적 집중력은 우리가 모든 아동에게서 경험하는 현상으로서 아동의 내적 성장을 위해서 가장 중요한 것이다."라고 강조한다. 이러한 교육적 신념하에 몬테소리 어린이집에서부터 고등학교까지의 교육현장에서는 학생 스스로 발견한 집중력을 장려하고 있으며, 고요연습 혹은 고요체험의 시간을 중요하게 다루고 있다.

만다라를 그리는 작업은 바로 이러한 고요와 집중력을 체험할 수 있는 훌륭한 시간이다. 유치원 시기부터 아동들에게 만다라를 그리거나 만다라 작업을 하게 함으로써 질서의식을 연습하고 집중력과 고요체험을 하도록 할 수 있다.

만다라는 모든 교과에서 다양하게 다루어질 수 있다. 각 교과마다 만다라 그림을 통하여 그 과목에서 목적으로 하는 결과를 얻을 수 있다. 예를 들어, 기독교 학교에서는 종교시간에 인간 가운데 계신 하느님을 체험하기 위한 목적으로 만다라 그리기와 고요체험, 슬라이드를

고요와 집중력은 교육의 열쇠

이용한 만다라 명상 등을 많이 소개하고 있다. 또한 미술교육의 관점에서 만다라 그림은 다음과 같은 목적을 이룰 수 있다. 즉, 정확하게 색칠하기, 색환 고려, 색대비(명암, 보색, 따뜻한 색-차가운 색), 다양한 재료의 사용법과 그에 대한 효과를 경험하기, 미술감상, 색혼합 등이다(Hund, 1996).

만다라에 관심 있는 교사들이 공통적으로 경험한 것은, 학생들이 만다라를 그리는 동안 놀라운 고요와 집중력을 보였기 때문에 때로는 그러한 변화들을 믿을 수 없다는 것이다. 이러한 점에서 볼 때, 만다라 작업은 아동과 청소년에게 자신의 힘을 내적으로 발견할 수 있게 하는 훌륭한 길잡이가 될 수 있다. 교사들은 그들의 체험을 바탕으로 이러한 시간이 학생들의 인성교육에 훌륭한 자료가 된다고 확신한다.

3. 만다라 그리기의 교육적 효과

만다라 그리기 소개

아동이나 청소년에게 처음으로 만다라를 그리게 할 때는, 먼저 문양이 그려져 있는 만다라로 시작하는 것이 좋다. 만다라의 실제 문양은 이 책의 후반부에서 다양하게 소개하고 있으며, 교사와 학생들이 문양을 직접 만들어도 된다. 우선 학생들은 견본 문양을 여러 번 그려 본 후에, 다음 단계로 컴퍼스나 각도기 등을 이용하여 마음에 드는 원을 그리거나 쟁반이나 컵 등을 대고 원을 그려 자유롭게 자신의 모양을 만들 수도 있다. 자연에서 구한 곡식이나 나뭇잎, 꽃잎, 열매 등으로 다른 학생들과 함께 만다라를 구성하게 하는 것도 학생들의 집단의식 함양에 큰 의미를 준다. 뿐만 아니라 자신의 몸을 이용하여 함께 만다라를 구성하는 놀이방법도 있다. 집단이 머리를 원의 중심으로 하여 바닥에 둥글게 눕거나 발을 원의 중심으로 하고 누워서 만다라를 만들어 보는 것도 훌륭한 체험이 된다.

특정한 장애를 가진 아동들이 있는 특수학급에서는 아동들에게 쉽게 그릴 수 있는 단순한 문양의 만다라를 그리도록 하면 더 효과를 얻는다. 소근육 운동에 어려움이 있거나 경직성 마비가 있는 아동들에게도 만다라 그리기가 도움이 된다. 특히 아동들이 산만하고 흥분된 상태에 있거나 집단 작업의 시작이나 시험을 치기 전에 만다라를 그리게 하면, 전체적으로 고요해질 뿐 아니라 집중할 수 있는 효과를 얻을 수 있다. 또한 집중력을 필요로 하는 수학 문제를 풀기 전이나 휴일의 여운이 남아 있는 월요일의 첫 수업시간 등에 만다라를 그리게 하는 것도 권장할 만하다.

아동들과 만다라를 그릴 때는, 먼저 아동들에게 자신의 주변에서 만날 수 있는 만다라의 형태, 즉 원의 형태에 대한 질문을 하여 아동들이 만다라에 대한 기본 형태를 잘 인지하고 자극받도록 한다. 아동들에게 일상생활이나 자연에서 만나는 원의 형태를 서로 말해 보게 하는 것은 사물에 대한 관심도와 관찰력을 높이고 확대시킨다. 실제로 야외에 나가 자연을 관찰하고 느낀 후에 자연물을 이용하여 만다라를 제작하는 것도 좋다. 이러한 활동은 아동들의 감각을 깨워 아동들이 모든 자연 현상에 민감하게 만다라 작업을 할 수 있도록 하는 방법이 된다.

아동들이 스스로 만다라 문양을 그리도록 하기 위해서는 동화의 장면이나 노래가 있는 글, 성경 대목 등을 읽어 줄 수 있다. 동화의 내용을 짧게 인용해서 읽어 주거나 이야기로 들려주고 원 안에 인상적인 내용을 그리게 할 수도 있다.

아동들은 만다라를 그릴 때 일반적으로 중심에서 원주, 즉 안에서 밖의 방향으로 그린다. 자신이 원하는 대로 그리도록 하는 것이 원칙이나, 나이가 좀 더 많은 아동들에게는 때로는 밖에서 안으로 그릴 수도 있다는 것을 알려 주고 시도해 볼 수 있게 한다.

만다라 교육적 의미와 효과

만다라 그리기 작업을 통한 교육적 의미와 효과를 요약하면 다음과 같다 (Dahlke, 1999; Wuillemet, 1998).

- 자신에게 침잠하고 고요해질 수 있다.
- 정신을 집중함과 동시에 이완을 할 수 있다.
- 분열된 것이 하나로 모아진다.
- 불안이 사라진다.
- 긴장이 완화된다.
- 모범적 생활을 찾는다.
- 경험한 것을 잘 통합한다.
- 일체감을 경험한다.
- 원만한 성격을 키운다.
- 자신의 중심에서 나온 힘을 얻는다.
- 인간적인 따스함을 경험한다.

- 소란하고 산만한 외부 세계를 떠날 수 있다.
- 자기 자신과 단체생활에 대해 집중할 수 있다.
- 여유와 민감성을 갖는다.
- 창의적이고 적극적인 학습자세를 갖게 된다.
- 신중해진다.
- 한계를 받아들이고 필요한 것을 수용하는 것을 배운다.

제5장 Jung의 만다라 치료

　분석심리학자인 Jung은 20세기 초기에 서구문화에서 처음으로 만다라가 지니는 심리적 · 우주적 · 영적 의미를 발견하였으며, 만다라가 인간정신에 주는 의미를 탐구한 결과로 인간의 근원적인 사고세계를 열어 주는 연구를 남겼다. Jung(1982)은 만다라를 단순히 이론적으로 연구한 것만이 아니라, 자신이 직접 만다라를 그리는, 소위 생생한 자기체험을 통하여 만다라가 주는 치료적 의미를 정착시켰다. Jung이 만다라를 치료적 차원으로 접근하게 된 동기를 살펴보다.

　스위스 취리히 대학병원의 교수이자 정신과 의사였던 Jung은 당시 정신분석학의 권위자였던 Freud의 정신분석에 심취해 있었다. 그러나 Jung은 정신분석학에 있어서 Freud와는 다른 견해를 가짐으로써, Freud의 권유에도 불구하고 그와의 우정을 포기하였다. Jung은 Freud

와 결별한 후에, 개인적으로 심한 정신적 위기에 처했으며 사회적인 만남까지 기피하면서 점차 은둔생활에 빠져들었다.

Jung은 은둔생활을 하는 동안 만다라가 무엇인지 전혀 모르는 상태에서, 거의 매일 자신의 내적 상황을 나타내는 원 형태의 그림을 그렸다. Jung은 무의식적으로 원의 형태를 그리면서 점차 원이 자신의 무의식을 표현하고 있다는 것을 발견하였으며, 만다라를 그림으로써 자기 스스로 치유되는 것을 경험하였다. 그가 만다라를 처음으로 그리기 시작한 시기는 1916년이며, 몇 년이 지난 후에야 자신의 만다라가 의미하는 것을 이해하기 시작하였다.

그는 자신의 동료이자 비서였던 Jaffe를 통하여 정리하게 한 『C. G. 융의 회상, 꿈, 사상(*Erinnerungen, Träume, Gedanken von C. G. Jung*)』이라는 자전적 저서에서 만다라에 대한 자신의 경험을 다음과 같이 서술하고 있다(Jung, 1982).

『C. G. 융의
회상, 꿈, 사상』

> 나는 1916년에 처음으로 만다라를 그렸다……. 물론 그것이 무엇을 의미하는지는 이해하지 못하였다……. 1918~1919년에 나는 매일 아침 그 날 나의 내적 상황에 어울리는 작은 원, 만다라를 그렸다. 나는 그림을 보면서 나의 심리적 변화를 매일 관찰할 수 있었다…….
>
> 나는 점차 만다라가 무엇을 의미하는지 알게 되었다. '형상화-변형, 영원한 대화의 의미를 지닌 변형'. 이것은 모든 것이 원만하고 조화로우면서 자신에 대한 기만이 없는 자기(Selbst), 인성의 통합체다.
>
> ……내가 그린 만다라 그림들은 매일의 나의 상태를 나타내는 암호

들이었다. 나는 자기, 즉 나의 전체성이 그림에 어떻게 나타나는지를 보았다. 물론 처음에는 단지 암시적으로만 그것을 이해할 수 있었다. 그러나 그 그림들은 나에게는 이미 아주 많은 의미를 지니고 있는 것처럼 보였기 때문에, 나는 그 그림들을 귀한 진주처럼 보관했다. 나는 그 그림들이 어떤 중심적인 것을 나타낸다는 느낌을 분명하게 가졌으며, 점차 자기(Selbst)에 대한 생생한 심상을 얻을 수 있었다. 그것은 마치 나와 세계가 분리할 수 없는 전체와 같다는 생각을 들게 했다. 만다라는 이러한 분리할 수 없는 것을 그린 것이며 영혼의 소우주적 본성에 해당한다.

나는 그 당시 만다라를 몇 장이나 그렸는지 생각이 나지 않는다. 어쨌든 아주 많은 수의 만다라를 그린 것은 분명하다. 만다라를 그리면서 나는 항상 다음과 같은 질문을 떠올렸다. '내가 서 있는 이 과정은 어디로 가고 있는가? 그 목적은 어디에 있는가?' 나는 개인적 경험에서 신뢰할 만한 가치가 있어 보이는 목적을 내 자신이 선택할 수 없었다는 것을 알았다. 나는 나(Ich)의 우위에 있는 아이디어를 완전히 포기해야 한다는 것을 체험하였다. 그러한 계획은 완전히 무산되었다. 나는 『리비도의 변천과 상징』에서 신화 연구를 시작했던 것처럼 신화에 대한 학술적인 연구를 계속하려고 하였다. 그러한 작업이 나의 목적이었다. 그러나 그에 대해서는 다시 언급하지 않겠다. 나는 무의식의 과정을 스스로 경험하려고 나를 몰아세웠다. 나는 우선 이러한 질풍노도에 나를 휩쓸리게 두어야 했다. 이 질풍노도가 나를 어디로 끌고 갈지도 모르는 채 말이다. 내가 만다라를 그리기 시작하고 나서야

나는 내가 간 모든 길과 내가 한 모든 과정이 다시 어느 한 점, 즉 중심으로 되돌아가는 것을 보았다. 나에게는 그것이 더욱더 분명해졌다. 만다라는 중심(Zentrum)이다. 그것은 모든 길을 표현한 것이다. 만다라는 중도(中道, Weg zur Mitte)이며 개성화(個性化, Individuation)로 가는 길이다.

……나는 몇 해 후에(1927) 꿈을 통하여 중심과 자기에 대한 생각들을 증명하였다. 나는 꿈의 정수(精髓, Essenz)를 만다라에 그리고, 이것을 '영원을 향한 창문(Fenster in die Ewigkeit)'이라고 이름 붙였다. 이 그림은 『황금 꽃의 비밀』이라는 책에 삽입했다. 1년 후에 두 번째 만다라를 그렸는데, 만다라의 중앙에 황금빛이 나는 성을 그렸다. 이 그림을 다 그렸을 때, 내 자신에게 다음과 같은 질문을 하였다. '왜 이것은 중국 그림 같은가?' 만다라에는 중국적인 것이 전혀 없는데도 중국적으로 보이는 형태와 색에 나는 감동을 받았다. 그 그림은 나에게는 그렇게 비쳤다. 놀랍게도 얼마 후에 Richard Wilhelm의 편지를 받았다. 그는 『황금 꽃의 비밀』이라는 제목이 붙은 중국의 도가적이고 불가사의한 논문의 원고를 보내면서 그에 대한 논평을 부탁했다. 나는 즉시 그 원고를 탐독하였다. 그것은 바로 만다라와 중심으로의 과정에 대한 나의 생각을 증명했다. 그것은 나의 외로움을 극복하게 해 준 최초의 사건이었다. 나는 그 논문에서 동류의식을 느껴졌으며 그것과 결속될 수 있었다.

융은 1918년에서 1920년 사이에 심리적 발전의 목표는 자아(ego)를

뛰어넘은 바로 자기(Selbst)이며, 여기에서 직선적 발전이란 존재할 수
없고 단지 순환적 발전만이 있다는 것을 알게 되었다(Jung, 1982). 융
학파이자 심리치료사인 Riedel(2000)은 Jung의 분석심리학에 근거한
미술치료 중에 꿈의 시리즈를 그린 사례를 통하여 순환적 개성화 과정
이라는 Jung의 주장을 증명한다.

만다라는 심리적 에너지를 자기에 집중시키며, 서로 반대되는 상극
들을 연결하고 그 사이에 중심을 이룬다. Jung은 1927년 어떤 꿈을 꾼
덕분에 만다라가 중심(中心)이라는 자신의 생각을 증명할 수 있었다.
그는 만다라의 도움으로 내적 조화를 얻게 되었으며 자신과 일체가 될
수 있었다. 이러한 체험을 기반으로 하여 Jung은 만다라가 개성화의
과정에서 이루어지는 그림이라는 것을 확신하였다. 그는 만다라가 인
간의 내적 세계를 비추는 거울이라는 것을 발견한 후에, 만다라를 의
식적으로 그렸으며, 자신의 환자를 치료할 때도 환자에게 만다라를 그
리도록 하였다.

만다라를 그리는 것은 인간의 내부에서 활발하게 움직이는 '적극적
상상'이며, 이러한 상상은 바로 자기 자신이다. 적극적 상상에 의한 그
림이란 무의식의 깊은 곳에 있는 심상(心象)을 자신의 의식으로 끌어
내어 표현하는 것이다. 여기에서 Jung이 말하는 무의식은 Freud처럼
억압된 내용만이 있는 것이 아니라, '영원한 창조자인 어머니'로부터
창조된 것이다(Jung, Hall, & Jacobi, 1995). 즉, 무의식은 인간에게 본
질적이며 창조적인 요소인 것이다. Jung은 환자들이 이러한 무의식의
심리활동을 통하여 표현하는 만다라의 상징의미를 그의 심리분석에

> 만다라는 심리적 에
> 너지를 자기에 집중
> 시키며, 서로 반대되
> 는 상극들을 연결하
> 고 그 사이에 중심을
> 이룬다.

적용하였다. Jung은 자신의 경험을 통하여 만다라 문양에 색칠을 하는
것뿐만 아니라, 자신이 스스로 그리는 자유로운 만다라 형태도 정신의
치유와 일체감에 기여할 수 있다는 것을 증명하였다. Jung은 동양의
종교적인 영향을 전혀 받지 않고 만다라에 대해서 전혀 알지 못하는
서양인에게도 무의식적으로 만다라 그림이 그려지며, 특히 불행하거
나 내적 평형을 잃은 상황에서 이러한 만다라 형상이 꿈이나 그림으로
나타난다는 것을 발견하였다(von Franz, 1982). 이처럼 무의식적으로
만다라를 그리는 현상은 인간에게 내적 기쁨, 내적 질서, 생명의 의미
를 되찾아 준다. Jung에 의하면 만다라 그림은 각 개인의 집단 무의식
에 잠들어 있는 원형(原型, Archetype)을 깨워 주고 활기 있게 해 주는
열쇠다(Murty, 1998).

　Jung은 자신의 이러한 직접적·간접적 경험을 통하여 인간의 정신
에서 원의 형상은 크든 작든 언제나 나타나며, 이러한 원은 내면과 외
면, 대우주와 소우주 사이의 균형을 조정한다는 것을 발견하였다. 이
러한 심리적 중심을 회화적으로 표현한 만다라의 구조를 Jung은 인디
언들의 표현을 빌려 '마법의 원'이라고 하였다(Jung, 1982).

　Riedel(2000)은 미술치료에서 환자의 그림이 명료화되고 집중력이
증가하는 것에서 치료가 효과적으로 이루어지는 것을 발견할 수 있다
고 한다. 이러한 집중력 있는 그림들은 자주 만다라형으로 그려지는
데, 환자들은 만다라로 그들의 내적 질서를 상징적으로 표현한 것이
다. 만다라의 상징을 통해서 치료를 받는 사람들은 개성화 과정, 원형
으로서의 자기인식과 심리적인 통합이 이루어진다.

Jung에 의하면 만다라는 모든 인간에게 각인된 원형으로서 통일체의 상징이며, 정신적 성장을 위한 과정에서 꿈이나 그림의 형태로 즉흥적·무의식적으로 나타난다. 그러나 인간의 원형으로 표현되는 원의 형상은 이미 어린아이의 활동에서 볼 수 있다. 어린아이들이 반복하여 그리는 원은 이미 수천 년 전에 선조들이 동굴이나 바위 등에 그렸던 것과 동일한 형태다. Murty(1998)는 어린아이들이 그리는 원 형태의 만다라는 인간이 자기정체성을 발견하기 위한 길을 찾는 무의식적 행위로 해석하였다. 어린아이뿐만 아니라 모든 인간이 무심코 만다라 형태를 그리는 것은 자신의 무의식에 있는 내용을 의식화하고, 자기치유력과 내적 조화를 얻기 위한 출발점이 된다.

이렇게 무심코 그려지는 만다라 형태는 내적 갈등과 삶의 위기에 처한 인간에게 내면의 질서와 조화를 발견하게 한다. 즉, 만다라를 통하여 자신의 무의식과 의식 간의 균형을 회복하는 것이다. 이러한 관점에서 볼 때 오늘날 만다라는 일상에서의 심리적 안정과 명상을 위한 역할뿐만 아니라 치료에서도 중요한 심리적 의미를 지닌다.

원 형태의 만다라는 인간이 자기정체성을 발견하기 위한 길을 찾는 무의식적 행위

제6장 미술치료로서의 만다라

1. 만다라의 미술치료적 의의와 목적

최첨단의 기계문명과 정보의 홍수 속에 살고 있는 현대인은 누구나 격변하는 상황에 적응하기 위하여 스트레스와 정신적 긴장의 연속선상에서 하루하루를 살아가고 있다고 해도 과언이 아니다. 이러한 시대에 살고 있는 많은 사람은 개인적·사회적으로 과중한 부담이 되는 상황들을 자주 직면하면서 정신적 혼란과 방황을 겪게 되고, 심지어는 정신질환을 앓는 경우도 증가하고 있다. 최근 선(禪), 마음수련, 기(氣)수련, 요가, 단전호흡과 명상 등이 많은 사람에게 각광받고 있다. 이러한 현상은 현대인들이 자신의 몸과 마음과 정신이 분리되는 삶을 산다

고 느끼면서, 그러한 분열을 극복하기 위한 근본적인 대안으로 선택한
것이라고 볼 수 있다. 다시 말해, 이것은 자아를 상실하며 살고 있는
현대적 삶의 구조 속에서 자신의 정신적·육체적·심리적 균형과 중
심을 찾기 위한 의식적·무의식적 욕구에 기인한다고 할 수 있다. 이
러한 전통적인 명상과 심신의 수련 외에도 현대인의 정신적·심리적
치료를 위한 구체적이고도 임상적 방안으로서 미술치료, 음악치료, 연
극치료, 무용치료, 동작치료, 놀이치료 등의 다양한 치료요법(therapy)
이 발전하고 있다.

　이와 같은 맥락에서 만다라도 삶의 중심을 찾고 자연과 우주와의 합
일을 찾으려는 명상과 영성생활에서, 나아가 심리·정신치료를 위한
미술치료에서도 중요한 위치를 차지하고 있다. 만다라는 명상뿐만 아
니라 인간의 내적 존재를 밝혀 주고 균형을 이루는 힘을 갖고 있기 때
문에, 건강한 사람이든 치료를 받아야 하는 사람이든 상관없이 누구
에게나 어떤 연령에게도 필요한 것이다. 그러나 특히 만다라의 명상과
그림을 통하여 이러한 내적 에너지의 통합을 필요로 하는 사람, 즉 치
료적 의미에서 만다라가 반드시 필요한 사람들이 있다.

　만다라를 미술치료에 적용하는 중요한 목적은 환자가 만다라를 통
하여 분열된 자신을 통합하고 삶의 본질, 자신의 중심에 이르는 생활
을 영위할 수 있게 하는 것이다.

2. 대 상

Jung은 자신의 경험을 토대로 신경증 환자와 정신분열증 환자에게 만다라를 그리게 함으로써 치료적 효과를 얻었다. 그러나 치료를 위한 만다라 작업은 근본적으로 모든 대상에게 적용될 수 있다. 이러한 대상은 다시 예방적 차원과 치료적 차원으로 분류할 수 있다.

1) 예방적 차원

삶의 어떤 단계에서 위기를 겪고 있는 사람들은 만다라를 그림으로써 편안함을 느끼고 위로를 얻는다. 오랜 시간 동안 만다라를 그리는 데 심취하다 보면, 삶에서 겪게 되는 위기와 어려움을 받아들일 마음의 준비와 힘을 얻을 뿐만 아니라, 문제를 극복하고 성숙된 삶으로 향하게 된다. 특별한 정신질환은 없지만 일상에서 만다라를 그리는 것이 필요한 사람들, 즉 안정과 요양을 필요로 하는 사람들의 상태는 다음과 같이 요약할 수 있다(Wuillemet, 1998).

- 해결하지 못한 갈등 때문에 고통을 받고 있다.
- 자신에 대한 의구심과 회의에 시달린다.
- 균형 잡힌 생활을 하기 어렵다.
- 자신을 잘 통제할 수 없다는 불안감을 가진다.

구체적 상황

- 자주 우울한 상태에 있다.
- 하찮은 것에도 흥분하고 공격적이 된다.
- 자신의 문제를 다른 것, 예를 들어 술, 담배, 폭식 등으로 회피하려고 한다.
- 모든 일에 매우 과민하고 쉽게 감정을 폭발한다.
- 자신이 항상 정체되어 있다는 생각을 자주 한다.
- 위기 상황에 직면해 있다.

이 밖에도 일상생활에서 여유 없이 항상 서두르는 사람, 무기력한 사람, 사회성이 결여된 사람, 자신에게 불만이 많은 사람, 상실의 슬픔을 겪는 사람도 예방적 관점에서의 만다라 미술치료가 필요하다.

2) 치료적 차원

구체적 치료 차원

구체적 치료 차원에서 만다라 그리기가 필요한 증상은 정신질환뿐만 아니라 신체적 병도 포함된다. 대표적인 정신질환으로는 강박증세, 거식증, 폭식증, 성격장애, 정신분열, 조울증, 노이로제, 우울증, 자살충동의 증상 등이 있다. 신체적 병으로는 암, 에이즈, 심장병, 장기 입원환자, 노인병 등이 있다.

그중에서 몇 가지 예를 소개하면 다음과 같다(Dalke, 1999).

- 성격장애: 성격장애 환자가 만다라를 집중적으로 그리면 많은 도

움이 된다. 만다라 그리기는 중심과 관련된 균형적 효과를 가지기 때문에, 분열된 인성을 한곳으로 집중시키는 역할을 한다. 만다라에 의한 시간과 공간의 방향감각도 훌륭한 효과를 준다.

- 정신분열증: 정신분열중 환자가 만다라를 그리게 되면 근본적인 도움을 얻게 된다. 만다라를 통하여 환자는 삶의 중심으로 다시 되돌아오고 시간과 공간의 질서체계에 있게 된다. 정신분열중 환자는 자신만의 세계에 살고 있다. 따라서 삶에서 방향감각과 자신의 중심과 본질감각을 잃은 정신분열중 환자들에게는 만다라를 바깥에서 안으로, 즉 원주에서 중심으로 그리도록 유도하는 것이 더욱 효과적이다.

- 조울증: 조울중 환자에게 만다라 미술치료는 매우 효과적이라고 알려져 있다. 조울중 환자는 기분의 고저가 매우 불안정하게 최상의 상태로 갔다가 죽음의 문턱까지 내려가는 불균형을 이룬다. 이러한 환자는 중심을 잃고 있기 때문에, 그를 다시 중심으로 데리고 오는 것이 필요하다. 만다라를 밖에서 안으로 그려 나가든지, 안에서 밖으로 그려 나가든지, 그들은 항상 중심과 관계를 맺고 있다. 자신의 길을 잃은 사람은 만다라에서 그 길을 다시 찾을 수 있다.

- 죽음의 불안: 만다라를 그리는 사람은 무의식적으로 중심과 관계된 그림을 그림으로써 우울증이나 죽음에 대한 불안에서도 벗어나게 된다. 죽음에 대해 불안해하는 사람은 밖에서 안으로 만다라를 그리는 것이 낫다. 그렇게 함으로써 인생의 종착역인 죽음을

더 직접적으로 느끼게 되며, 결국은 삶의 종착역을 위한 우회도로
나 귀향은 없다는 것을 받아들이게 된다.

- 신체적 병: 만다라 미술치료는 에이즈, 심장병, 노인병, 암, 장기
  입원환자 등 신체적 병이 있는 사람들에게 효과적으로 다가갈 수
  있다. 그들에게는 자신의 현재 삶을 성취하는 용기가 필요한데,
  만다라를 그림으로써 현재의 자신에게 집중할 수 있다.

3. 지도방법

치료사는 치료 시작 단계에서 만다라를 그리는 환자 혹은 내담자에
게 원의 중심에서부터 밖으로 그려 나갈지 혹은 원주에서부터 중심으
로 그릴지를 물어본다. 여기에서 일반적으로 내향적인 사람과 외향적
인 사람은 그리는 과정이 다르게 나타난다.

내향성과 외향성을
위한 지도

내향적인 사람은 무의식적으로 원의 중심에서 원주를 향해 색을 칠
한다. 안에서 밖으로 그림을 그리는 사람은 정신과 영혼의 발전을 원
하거나, 자신 안에 있는 정적인 에너지를 활기 있게 하고 싶은 무의식
적 욕구를 가졌다고 할 수 있다. 즉, 자신으로부터 나오려는 내향적 환
자는 만다라를 무의식적으로 안에서부터 밖으로 그림으로써 자기성장
과 성숙으로의 시간을 가지려 한다.

이에 반해 원주에서부터 중심을 향해, 즉 밖에서 안으로 그리고 싶어 하
는 사람은 현재 자신이 신경질적이고 힘이 없으며 지쳐 있거나 어떤 것에

도 집중할 수 없다고 느끼는 사람이다. 또한 외향적인 사람도 원주에서 중심을 향하여 만다라를 그리려고 한다. 자주 산만하고 집중력이 없는 환자나 기본적으로 외향적인 환자는 만다라를 밖에서 안으로 그림으로써 중심으로 집중하는 경향이 있다.

치료사는 만다라를 그리는 사람을 관찰함으로써 그가 자신의 한계를 어떻게 다루는지 읽을 수 있어야 한다. 그리는 사람이 하기 싫지만 할 수 없이 그리는지, 준비된 마음으로 기꺼이 그리는지, 자신의 실수를 인정하는지 등을 알 수 있다. 사람에 따라서는 당면한 문제를 피하는 경우도 있다. 이러한 경우에 내향적인 사람은 원주에서부터 중심으로 되돌아가며, 외향적인 사람은 반대로 자신에게 맞는 중심에서 원주로 나가려는 경향을 보인다. 이러한 이유 때문에 치료사는 만다라 작품 결과만 보고 당사자를 진단하고 평가하려 해서는 안 되며, 그리는 과정과 그리는 사람의 전체적 상황을 상세하게 인식할 필요가 있다.

일반적으로 미술치료에서 원의 중심에서 원주로 향하는 만다라를 그리도록 유도해야 하는 대상은 내향성, 근육운동 장애, 자폐성, 간질병, 경련성 마비를 겪는 사람들이다. 이와 반대로 원주에서 안, 즉 중심으로 향하는 만다라를 그리도록 하는 것이 치료에 도움이 되는 대상은 외향성, 운동형 사람, 몽상가, 노이로제, 정신질환, 뇌막염, 집중력 결여, 허풍 성향을 가진 사람들이다(Pütz, 1981).

만다라의 중심에서 원주로 향하여 그리려는 경향은 자유롭고 성숙된 세계로 나아가려는 것을 의미한다. 그 대신 자신의 길을 찾고 있는 사람은 중심을 얻기 위해서, 외부에서 내부로 그리려는 경향이 있다.

만다라 미술치료의
임상

그러나 만다라 미술치료에서 볼 때, 문제가 있는 사람은 일반적으로 방어적이고 저항적이며 지시에 대한 반대 행동을 보이는 경우가 많다. 그러한 내담자의 대부분은 자신의 의도나 치료사의 제안과 다른 방향으로 만다라를 그리는 단계를 지나고 나서야 비로소 자신의 심리상태와 유사하고 자신에게 치료가 되는 방향으로 스스로 바꾼다.

미술치료사는 때로 내담자에게 그의 원래 습관을 의도적으로 바꿔 보도록 제안하여 방향을 전환하게 함으로써 균형과 이완을 하게 할 수 있다. 아동과 청소년의 교육적 면에서도 이러한 것을 적용할 수 있다. 즉, 내향적인 아동과 청소년도 일반적으로 만다라를 안에서 밖으로 즐겨 그린다. 그들은 자신의 내적 중심에서부터 서서히 외부 세계로 접근한다. 그러나 내향적 유형이라 하더라도 자신이 살아가는 생활의 의미와 목적을 강하게 찾는 아동과 청소년은 오히려 원주에서 중심을 향하여 만다라를 그려 나간다. 그렇게 함으로써 그들의 내적 세계는 더 확고하고 체계적이 되며 더욱 깊이 있게 된다. 외향적인 성인이 그렇듯이 외향적인 아동과 청소년도 만다라를 그릴 때 주로 원주에서 출발하여 중심을 향해 그린다. 그러나 이러한 틀에 맞추어 과도한 해석이나 평가를 하지 않도록 주의한다. 만다라를 그리는 사람에게는 근본적으로 어떤 방향이라도 효과가 있다.

만다라 그리기가 일반적으로 치유적 효과를 가지고 있다고 하더라도, 어떤 사람에게는 원 안에 그림을 그린다거나 색을 칠하는 것이 자신을 죄이고 누른다는 느낌을 받기도 한다. 즉, 모든 곳이 막혀 있는 원 안에서 답답함을 느껴서 빨리 원 안을 벗어나고 싶어 하는 경우도 있다. 환자 혹은 내담자가 이러한 느낌을 이야기하면, 치료사는 원의 형태보다도 나선형 만다라를 그리도록 유도할 수 있다. 나선형 만다라는 무엇보다 역동성과 변화의 에너지를 활기 있게 해 준다. 이러한 나선형도 그리는 방향에 따라 시사하는 바가 다르다. 즉, 시계방향으로 그리는지, 아니면 그와 반대로 그리는지에 따라 그 사람이 지향하는 것을 알 수 있다. 나선형의 방향은 원의 방향과 같은 의미를 지니고 있다.

또한 만다라에 나타난 색, 형태, 숫자의 상징도 만다라 치료에서 중요한 역할을 한다. 그러나 그림을 그리거나 색을 칠할 때는 이러한 상징을 마음에 두지 않고 자신의 직관과 현재의 내적 기분에 주의를 기울이는 것이 가장 중요하다. 그림을 그리고 난 후에 그림에 대한 어떤 느낌이 드는지 다시 들여다본다. 또한 만다라의 형태와 색 등에 대한 일반적 상징을 자신의 그림과 비교해 본다. 이때 일반적 상징을 받아들일 수 없을 수도 있다. 중요한 것은 그림이 자기 자신에게 전하는 개인적 메시지를 느끼는 것이다. 그러나 많은 경우에 상징은 집단 무의식에 의해 이루어진 것이기 때문에, 일반적 상징성의 맥락을 나중에 연결해 보는 것도 필요하다. 색과 형태와 숫자에 대한 구체적인 상징 의미는 이 책의 후반부에서 다루고자 한다(10장 참조).

만다라를 그릴 때는 어떤 색을 쓸지, 혹은 어떤 내용과 형태를 그릴지 깊이 생각하지 않아도 된다. 중요한 것은 만다라는 바로 자기 자신을 그리는 작업이라는 것이다. 즉흥적으로 그리는 만다라에는 무의식적으로 나타나는 동요나 흥분 혹은 불안 등의 감정이 형태와 색으로 반

만다라에 나타난 색, 형태, 숫자의 상징

내적 충동에 의한 그림

영된다. 그것은 바로 누구나 만다라 그림에 자신의 내면을 나타낼 수 있다는 것이다. 여기서 중요한 것은 그리는 사람이 미적 기준을 떠나서 자신의 현재 상태를 나타내는 색과 형태를 선택할 수 있다는 것이다. 미적 관점에서 "나는 그림에 소질이 없다." 혹은 "나는 그림을 그리지 못한다."라는 말은 여기에서 의미가 없다. 자신의 내적 충동에 의해서 그림을 그릴 때, 누구나 자신이 그린 만다라가 자신을 강렬하게 표현하고 있다는 것을 경험하게 된다. 만다라를 그리는 사람은 그릴 당시의 기분을 무의식적으로 형태와 색으로 그려 냄으로써 자신이 겪고 있는 문제와 대면할 수 있다. 그러한 대면의 과정을 거침으로써 삶의 균형을 찾아나가고 창의적이며 자율적으로 성장해 나갈 수 있다. 즉, Jung의 말처럼 개성화의 과정을 거쳐 통합된 자아를 만나게 된다.

4. 치료 효과

만다라를 그리는 목적은 자기 자신과 대면하고 자신을 이해하며 정신적으로 성장하면서 자신을 완성하는 것이다. 내담자나 환자는 만다라를 그리기 위한 준비과정인 명상과 만다라를 그리면서 얻게 되는 몰입을 통해 그림과 자신이 일체가 되는 것을 체험할 수 있다. 만다라를 그리는 활동을 통해 내담자나 환자는 능동적으로 자아치료의 과정에 참여하여, 자기 속에 깊이 잠자고 있었던 잠재능력을 발견하고 자신감과 삶의 의미를 재발견하게 된다. 또한 주위의 사물과 자연에 대한 민감한 감각을 갖게 되며, 자연과 나아가 우주와의 일체감을 느끼게 된다. 즉, 자신이 자연과 함께 호흡하고 있다는 것을 체험한다. 이러한 맥락에서 심리적 · 정신적으로 방향감각을 상실한 환자는 만다라 명상과 만다라 그리기 활동을 통하여 자신의 중심으로 접근함으로써 삶의 중심을 찾게 된다.

병이 났을 때, 특히 정신신체질병과 같은 현상에서 신체의 한 부분만을 치료하는 것에는 한계가 있을 수 있다. 이에 대한 대안적 방향으로서 만다라 미술치료는 심신의 전체성과 통일성을 강조하고 있다. 특히 만다라가 정신영역 전반에 효험적 역할을 하지만, 육체적인 병도 정신적인 문제에서 연유하는 경우가 많기 때문에 만다라는 다양한 증세의 치료에 적용될 수 있다. 만다라 미술치료는 사람의 에너지를 조화롭게 조정할 뿐만 아니라, 만다라를 그리는 사람에게 에너지와 내적 힘을 준다.

만다라의 치료적 효과를 요약하면 다음과 같다.

만다라의 치료적
효과

- 정신과 육체가 건강해진다.
- 고요하고 침착해진다.
- 자신의 중심을 발견하고 자신의 힘을 얻는다.
- 주변의 현실을 새롭게 받아들인다.
- 자신과 우주 만물의 모든 생명체와 일체감을 체험할 수 있다.
- 자기 자신을 수용하며 자기소외를 극복한다
- 자신의 영감과 창의성에 관심을 갖는다.

- 갈등 상황을 더 쉽게 극복한다.
- 자신 안에 있는 새로운 에너지를 발견하며 기쁨을 누릴 수 있다.
- 자신의 에너지를 조정할 수 있고, 역동적으로 이용할 수 있다.

제7장 만다라 제작을 위한 준비예식

만다라를 그리거나 만들기 전에 준비예식을 잘할수록 활동의 효과는 더욱 커지므로 이러한 준비의례는 필수적이다. 만다라를 효과적으로 그리기 위하여 준비할 몇 가지 의례적 사항을 단계적으로 소개하면 다음과 같다.

1. 명상적 분위기

명상적 분위기란 일상에서 물러날 수 있는 내적 · 외적 · 시간적 · 공간적 준비가 된 상태를 의미한다. 심신 이완을 할 수 있는 장소와 분위기가 마련되었을 때, 명상적이고 직관적인 만다라를 그릴 수 있다.

그렇기 때문에 고요한 분위기는 만다라를 그리기 위한 중요한 전제조건이다.

만다라를 그리는 공간은 잘 정리되어 있어야 하며, 외부로부터 방해를 받지 않도록 한다. 만다라 그리기를 할 때는 가능한 한 방해를 하지 말아 달라는 메모를 문밖에 붙여 두는 것이 좋다.

만다라를 그리는 데 필요한 책상, 편안한 의자 혹은 누울 수 있는 담요나 매트, 명상음악, 초와 향 등을 준비한다. 미리 아로마 향을 피워 둔다.

그림을 그리는 데 필요한 단단한 밑판과 종이나 만다라 문양 그림, 자, 연필, 컴퍼스, 지우개, 색을 칠하기 위한 미술 재료 등을 비치해 둔다.

2. 호흡연습과 이완연습

명상적 이완연습

모든 외적 준비가 끝나면 고요하고 명상적인 이완연습을 시작한다.

이완을 하기 위해서는 먼저 호흡연습이 이루어져야 한다. 호흡연습과 이완연습에 대한 예를 소개하면 다음과 같다.

✿ 연습 1
• 명상적 환경이 마련되었으면, 심신을 고요하게 하고 집중을 하기 위한 연습을 시작한다.

- 명상음악을 들려준다.
- 매트나 담요 위에 눕거나 두 발이 바닥에 닿고 등을 똑바로 기댈 수 있는 의자에 앉는다.
- 눈을 감고 자신의 숨소리에 귀를 기울이기 시작한다.
- 다른 생각이 떠오르면 그 생각을 잡지 말고 다시 호흡의 흐름을 관찰하며 그것에 집중한다.
- 두 손을 아랫배에 놓고 천천히 그리고 깊게 복식호흡을 한다. 복식호흡은 이완연습을 위한 준비과정에서 중요한 요인이다. 호흡을 할 때 배가 규칙적으로 움직이고 있는지를 숙지한다.
- 호흡이 규칙적으로 되면 누운 자세를 한 사람은 두 팔과 두 손을 몸의 양 옆에 놓는다. 의자에 앉았으면 두 손을 펴서 무릎에 놓고 엄지손가락이 앞으로 향하도록 나란히 놓고 지도자의 말에 따른다.

❂ 연습 2

지도자는 다음과 같이 연습을 유도할 수 있다.

　　자, 이제 눈을 감은 채로 천천히 그리고 깊숙이 숨을 들이쉽니다. 잠깐 숨을 들이쉰 채 그대로 멈추고 있다가 다시 천천히 숨을 내쉽니다……. 이렇게 세 번 숨을 들이쉬고 내쉬고 합니다……. 이제는 당신만의 리듬에 맞게 조용히 호흡을 합니다. 호흡을 할 동안 당신의 배도 숨을 쉬고 있는 것을 느껴 보십시오…….

　　숨을 들이쉴 때 발과 발가락의 근육에 긴장을 줍니다. 잠깐 동안 긴장을 가지고 있다가 숨을 내쉴 때 긴장을 풀어 줍니다. 이것을 세 번 계속 합니다……. 다음에는 숨을 들이쉬며 다리의 근육을 긴장시키고 숨을 내쉴 때 근육을 이완합니다…….

그다음은 골반의 근육, 배의 근육, 등의 근육, 어깨근육, 손과 팔의 차례로 숨을 내쉬고 들이쉬면서 긴장과 이완을 세 번씩 합니다……. (지도자는 차례로 몸의 부위를 말하며 들숨과 날숨, 긴장과 이완을 안내한다.)

목을 부드럽게 하기 위해 머리를 조심스럽게 왼쪽으로 돌려 봅니다……. 다시 오른쪽으로 돌립니다……. 앞으로 숙여 봅니다……. 뒤로 젖혀 보세요……. 목을 조심스럽게 전체로 돌려 보세요…….

이제는 얼굴의 모든 근육을 모으며 긴장시킵니다. 얼굴표정을 최대한 찡그려 봅니다……. 이 상태를 잠깐 동안 유지하고 있다가 숨을 내쉬며 다시 풀어 줍니다. 다시 한 번 얼굴을 찡그렸다가 숨을 내쉬며 풀어 줍니다.

그다음은 숨을 들이쉬며 다시 몸 전체 근육을 긴장시키고 숨을 내쉴 때 근육을 풀어 줍니다……. 이제 당신의 몸은 편안한 느낌을 가집니다. 잠깐 동안 눈을 감은 채 그대로 있습니다……. 천천히 조심스럽게 발과 다리를 움직이고 어깨를 돌려 보고 등과 팔과 손을 돌려 봅니다……. 머리를 좌우로 돌리고 얼굴을 찡그려 봅니다……. 눈을 뜨고 다시 한 번 당신의 의식이 어떻게 몸 전체를 휘감고 있는지 느껴 봅니다. 이제 당신은 지금 그리고 여기에 있습니다.

✿ 연습 3

이완연습은 다양하게 개발될 수 있다. 그러나 이러한 절차를 반드시 밟아야 하는 것은 아니다. 다음은 Huyser(1996)에 의한 이완연습이다. 이 연습은 접지연습과 투명한 보호막이 있는 계란에 대한 상상연습으로 이루어진다.

호흡연습을 마친 후에 지도자는 앉거나 누워 있는 사람들에게 다음과 같은 말을 천천히 들려준다.

　　　당신의 골반에서부터 커다란 뿌리가 땅속 깊이 뿌리를 내린다고 상상합니다. 뿌리를 깊이 내릴수록 더욱 좋습니다. 이 연습은 누워서 하든 앉아서 하든 숲 속에서 하든, 그것은 별로 중요하지 않습니다. 이 뿌리는 모든 물질을 관통해 갑니다. 당신은 땅과 깊이 연결되어 있어서 이 연습을 할 동안은 땅과 떨어질 수 없습니다. 연습을 하는 동안 이 뿌리가 충분히 단단한지 규칙적으로 점검해 보세요…….

　　　그다음으로 투명한 계란이 당신의 몸 전체를 감싸고 있다고 상상해 봅니다……. 이 계란은 외부의 어떠한 나쁜 영향에도 당신을 안전하게 보호할 수 있습니다.

3. 시각화 연습

이완연습이 끝난 후에는 시각화 연습을 할 수 있다. 그러나 이 연습

시각화 연습

을 반드시 할 필요는 없다. 지도자는 시각화 연습을 위한 안내를 천천
히 한다.

> 당신은 꽃병이나 촛불이나 과일바구니 혹은 당신 앞에 보이는 것
> 중 어느 한 가지를 선택해서 상상을 합니다. 몇 분 동안 당신이 선택한
> 대상을 주의 깊게 살펴봅니다……. 당신의 눈은 대상의 형태와 색을
> 따라 가며 그것에서 눈을 떼지 않습니다……. 이제 눈을 감고 그 대상
> 이 당신의 심상에 떠오르도록 합니다……. 이것은 즉시 이루어지지 않
> 아도 연습을 하면 가능합니다. 이 연습은 다음 단계를 위한 준비작업
> 입니다.

4. 상상여행

상상여행

만다라 그리기를 위한 준비연습의 마지막에는 자신이 인생의 어떤
단계에 있으며, 어떤 감정, 어떤 기분에 있는지 혹은 어떤 위기에 있는
지를 살펴본다. 자신의 기분에 맞는 단어를 찾아보거나 지도자의 안내
에 따라 시각화 연습인 상상여행을 할 수 있다.
지도자가 안내하는 상상여행의 예를 소개하면 다음과 같다.

> 이제 당신의 몸은 편안하고 당신의 호흡은 고요해졌습니다. 자, 당
> 신을 상상여행으로 안내하고자 합니다. 상상에는 어떤 것도 가능합니

다⋯⋯. 당신은 상상여생을 시작합니다⋯⋯.

당신은 이제 녹음이 울창한 편편한 산길을 걷고 있습니다. 때는 아름다운 봄날입니다. 숲 속 공기는 신선하고 상쾌합니다. 숨을 천천히 깊게 들이쉬고 내쉬어 봅니다. 태양은 밝게 비치고 햇살에 나뭇잎들이 반짝입니다. 여기저기서 새들의 지저귀는 소리가 들립니다⋯⋯. 다람쥐, 토끼도 뛰어 다니고 있습니다. 어디선가 시냇물 흐르는 소리가 들립니다. 당신은 깊게 숨을 들이쉬며 숲의 향기를 맡습니다.

산길을 따라 천천히 가다 보니 넓고 환한 빈터가 나타납니다. 그곳에는 당신이 좋아하는 커다란 나무 한 그루가 서 있습니다⋯⋯. 나무에 다가가서 나무를 안아 봅니다⋯⋯. 나무에 서서 보니 야생딸기들이 무리 지어 있는 작은 길이 보이고, 그 길의 끝에는 넓고 커다란 바위가 있습니다. 나선형으로 구불구불 나 있는 산딸기 길을 따라 바위가 있는 곳을 향하여 갑니다. 이제 큰 바위에 당도합니다. 바위에 앉아 봅니다⋯⋯. 앉아서 내려다보니 당신은 나선형의 중심에 와 있군요⋯⋯. 이 나선형은 당신의 내적 중심을 상징합니다⋯⋯

바위에 앉아서 주변을 둘러보세요⋯⋯. 그때 어떤 사람이나 동물이 나타납니다⋯⋯. 이 존재는 당신에게 중요하기 때문에 당신은 그를 반갑게 맞이합니다. 그의 모습을 잘 살펴보고 그가 당신에게 무슨 말을 하려는지 물어보십시오⋯⋯. 그가 하는 말은 오직 당신에게만 적용됩니다⋯⋯. 그는 당신에게 필요한 말을 한 후에 되돌아갑니다. 당신은 그가 완전히 사라질 때까지 가만히 보고 있습니다⋯⋯.

이제 바위에서 일어나 왔던 길을 천천히 되돌아갑니다⋯⋯. 천천히 나선형 길을 돌아 큰 나무에 옵니다. 이제 그곳과 작별을 한 후에 산 길을 내려옵니다……. 다시 한 번 깊게 호흡을 하세요…….

이제 당신이 있는 현실의 공간으로 다시 돌아왔습니다. 눈을 감은 채 손과 발을 천천히 움직이고 몸 전체를 펴고 세 번 숨을 들이쉬고 내쉬기를 합니다……. 이제 눈을 뜹니다……. 당신은 다시 지금 그리고 여기에 있습니다……. 일어나서 기지개를 켜 보십시오…….

이제 당신이 원하는 재료를 선택하여, 조금 전에 당신이 경험했던 것 중에 인상적인 것을 원 안에 그려 보십시오.

5. 자연산책

만다라를 그리기 위해서는 앞의 방법 외에도 자연에서 산책을 하면서 자신의 모든 감각을 깨우고 만다라를 그리기 위한 준비를 하는 방법도 있다.

- 모든 긴장을 이완시키고 규칙적인 호흡과 더불어 천천히 걸으면서 주변에 있는 자연의 모든 것을 받아들일 수 있도록 시도한다.
- 자기 생각에 잠기기보다 가능한 한 자연을 온몸으로 느낀다.
- 자연에 있는 꽃과 나무와 그들의 형태, 색들을 눈여겨 바라본다.
- 자연 속에서 들리는 소리에 귀를 기울여 본다. 잠시 눈을 감고 새 소리, 바람소리, 나뭇잎들이 흔들리는 소리, 물소리 등을 듣는다.

• 풀잎냄새, 꽃향기, 나무향기, 흙냄새, 공기의 향기 등의 냄새에 감
  각을 깨운다.

• 나뭇잎이나 작은 돌이나 나뭇가지들을 만져 보며 촉감을 깨운다.

• 이러한 자연 체험을 한 후에 실내로 돌아와 산책에서 느낀 것들을
  만다라로 그리거나 자연물로 입체활동을 한다.

• 이러한 경험을 집단 만다라 활동으로도 추천할 수 있다. 이러한
  활동은 캠프나 단체 여행을 갔을 때도 쉽게 할 수 있는 방법이다.

제8장 **만다라 제작을 위한 재료와 기법**

1. 작업 준비

- 만다라 그리기나 입체활동에 적절한 편편한 책상과 고른 밑판을 준비한다.
- 집단으로 그림을 그릴 때는 한 책상에 가능한 한 네 명에서 여섯 명 정도가 적당하다.
- 한 책상에는 색연필이나 다른 색칠 도구를 두 세트 이상 비치하며 재료들을 중앙에 둔다.
- 만다라를 그리는 데 어떤 재료와 기법이 더 나은지에 대해 먼저 설명하지 않는다. 이것은 개인의 선호와 기분 및 심신의 상태에

따라 다르다. 무엇보다 여러 가지를 실험하는 시도가 필요하다.

• 환자 혹은 내담자일 경우는 치료목표에 따라 재료와 기법을 안내
한다. 그러나 초기에는 자유롭게 선택하도록 제안한다.

2. 재료와 기법

1) 색연필, 물감색연필, 오일 파스텔, 크레파스, 파스텔 목탄

〈재 료〉
• 밑판(55×70cm 정도)
• 다양한 크기(A4, A3, A2 혹은 더 큰 크기)의 흰색 종이나 문양 만다
라(여섯 종류 정도)
  – 개인 활동: 일반적으로 A4 크기가 적당(정사각형으로 오려 둘 수 있음).
  – 파트너 활동: A3(두 사람이 동시에 함께 그리거나 차례대로 돌아가
  며 그릴 수 있음)
  – 집단 활동(네 명에서 여섯 명 정도): A2나 전지 혹은 전지 2장 정
  도. 문양 만다라인 경우 확대 복사하여 사용
• 연필(HB, B2, B4)
• 색연필, 물감색연필, 파스텔, 크레파스나 오일 파스텔, 목탄
• 자, 컴퍼스, 지우개, 붓, 칼, 접착테이프, 테레핀유, 정착액, 스프레
이, 화장지

〈기 법〉

• 접착테이프로 밑판에 종이를 붙인다. 혹은 붙이지 않고 둘 수 있다.

• 책상에 놓여 있는 만다라 문양을 즉흥적으로 고르거나 준비한 컴퍼스와 자를 이용하여 직접 만다라를 그린다.

• 색연필로 작은 면들과 세밀한 형태를 그리고 칠할 수 있다. 또한 경계선을 분명하게 그릴 수 있다. 이미 칠을 한 면 위에도 겹쳐 칠할 수 있다.

• 물감색연필을 사용하면 착색효과를 얻을 수 있으며, 이미 그린 선 위에 붓으로 색을 엷게 퍼지게 할 수 있다. 만약 이러한 퍼짐을 원하지 않으면, 조심해서 칠만 할 수 있다.

• 파스텔은 부드럽기 때문에 큰 종이에 칠하거나 경계를 크게 신경 쓰지 않을 때 사용하기 적합하다. 손가락이나 화장지나 천으로 색을 문지를 수 있다. 파스텔로 그림을 그린 후에는 정착액을 뿌리거나 테레핀유를 발라 가루를 고정시킨다.

• 오일 파스텔은 기름기가 많고 부드러우며 색들이 선명하다. 여러 층으로 겹쳐 칠할 수 있으며 색들이 서로 섞이기도 한다. 손가락을 이용하여 번지게 할 수도 있어서 훌륭한 효과를 나타낸다. 테레핀유를 헝겊에 조금 묻혀서 닦아 내면 뜻밖의 효과를 얻을 수 있다.

• 목탄으로는 흑백의 만다라를 스케치하듯이 그릴 수 있다. 흑백의 조화를 만들 수 있으며, 손가락이나 헝겊으로 문질러 회색도 표현할 수 있다. 목탄화도 착색을 한다.

• 크레용이나 오일 파스텔로 만다라를 그린 후에, 흰 종이를 밑에

깔고 만다라 그림을 뒤집어서 다림질을 하거나 뒷면에 식용류를 바르면 앞뒤에 형태와 색이 그대로 드러난다. 투명해진 만다라를 창문에 걸어 두면 매우 아름다운 효과를 낸다.

〈치료 효과〉
• 앞의 재료는 선과 면과 색을 연결함으로써 마음을 풀어주며, 감성 능력과 상상능력을 조화롭게 한다. 이 재료가 지니고 있는 형태력을 통하여 의지력과 실행능력도 자극된다.

2) 물감, 포스터 물감, 아크릴 물감, 유화

〈재 료〉
• 우드락이나 플라스틱 밑판(55×70cm 정도)
• 물감, 포스터 물감, 아크릴 물감, 유화(삼원색)
• 켄트지, 캔버스(아마 화포), 신문지
• 물감 붓, 아크릴/유화 붓, 둥근 붓(2, 6, 12, 16번), 납작 붓(4, 10, 14번)
• 자, 연필, 지우개, 풀, 팔레트나 접시, 물, 물통, 테레핀유, 접착테이프, 스펀지

〈기 법〉
• 직관적이고 즉흥적인 그림을 그리기 위해서는 즉각적인 효과를 내고 금방 마르는 재료들이 필요하다. 엷은 색의 물감이나 엷게

칠한 포스터 물감은 섬세한 그림을 그리거나 그리는 당시의 느낌을 표현하고자 할 때 적절하다.

- 분명한 형태와 강렬한 대비를 이루는 색을 표현하기 위해서는 포스터 물감이 적절하다. 포스터 물감은 한 색을 진한 색부터 아주 연한 색까지 다양하게 나타낼 수 있으며, 색들을 서로 섞을 수도 있다. 붓도 다양하게 사용한다.

- 지속적이고 내구성이 있는 효과를 나타내기 위해서는 유화가 적절하다. 유화는 캔버스에 그려서 오랜 시간 동안 말려야 된다. 그렇기 때문에 그리는 시간과 마르는 시간을 기다리기 위해서 많은 인내력이 필요하다. 그림이 마르는 데 일주일가량이 걸린다. 말리는 시간을 줄이기 위해 테레핀유를 사용할 수 있다. 아크릴 물감을 사용할 수도 있다.

- 젖은 종이에 그리는 물감 그림은 빠른 시간에 그리는 데 적절하다. 이 방법은 Steiner의 지지자들이 미술교육과 치료에서 적용하여 잘 알려진 기법이다(Pütz, 1981). 이 기법은 날카로운 윤곽이나 세부적 묘사를 하지 않고 크고 자유롭게 그리는 기법이다. 플라스틱판에 접힌 부분이 없는 신문지 한 장을 깔고 그 위에 젖은 스펀지로 물을 골고루 묻힌다. 신문지가 완전히 적셔졌으면, 물이 흥건한 부분은 마른 스펀지로 닦아 낸다. 이 과정을 납작한 붓을 이용하여 물을 묻혀 아래에서 위로 천천히 칠하고 뒷면도 그렇게 할 수 있다. 화지에 수포가 있는지 다시 살펴보고 수포를 없앤다. 젖은 종이에 원하는 색의 물감을 연하게 풀어 칠하여 색들이 서로

스며들도록 한다. 색이 완전히 드러날 때까지 그림을 잘 말려야 한다. 이러한 기법은 스트레스를 많이 받은 날이나 긴장하면서 하루를 보내고 난 후에 그리기에 적절하다. 희미하고 부드러운 배경에 만다라를 그리고 싶으면 이 기법을 사용하고, 종이가 마른 후에 포스터 물감으로 그 위에 만다라를 그릴 수 있다.

〈치료 효과〉
• 젖은 종이에 그리는 기법은 심심의 이완효과가 높으며 기분을 밝게 한다.
• 마른 종이에 물감을 사용하거나 아크릴 물감이나 유화 재료를 사용함으로써 인내심을 얻게 되며, 내적으로 자신과 대면할 수 있는 힘을 강화한다.

3) 콜라주, 입체 만다라

〈재 료〉
• 콜라주, 입체 만다라 제작에는 모든 재료 가능
• 다양한 색과 크기와 형태를 가진 말린 꽃잎과 나뭇잎, 콩, 씨앗, 밤 등의 곡류
• 여러 가지 실, 색종이, 털실, 솜, 색모래, 잡지, 색지끈, 색한지 등
• 돌, 나무조각, 솔방울, 나뭇잎, 꽃잎, 도토리, 조개 등
• 두꺼운 종이, 나무판, 풀, 가위, 목공풀, 글루건

〈기 법〉

• 먼저 밑그림을 그려 둘 수도 있다.

• 주제를 정하여 두고 재료들을 분류하여 만들 수도 있다.

• 목공풀이나 글루건을 이용하여 두꺼운 판(두꺼운 마분지, 나무판 등)에 재료들을 붙인다.

〈치료 효과〉

• 색을 칠하거나 형태를 그리는 것을 싫어하는 사람들에게 쉽게 작 업에 다가가게 하여 자신감을 준다.

• 일상의 재료들을 사용함으로써 일상생활의 물건과 자연물에 대한 민감성, 친숙감을 높인다.

• 이완과 즐거움을 준다.

• 다양한 감각을 활용함으로써 현실감과 사회성을 향상한다.

4) 점토 만다라

〈재 료〉

• 찰흙이나 도자기 흙, 공예 점토, 지점토, 공예공구, 두꺼운 나무판 이나 아크릴판, 스펀지, 스프레이, 앞치마, 수건

〈기 법〉

• 점토로 만다라를 제작하기 전에는 흙을 잘 반죽하여야 한다.

- 먼저 기하형태의 입체도형, 공, 정육면체, 피라미드 삼각형, 뱀 등을 만드는 연습을 한다.
- 어떤 형태를 손이나 손가락으로 누르면 다른 형태로 바뀌는 것을 경험해 본다. 이러한 형태에서 엄지손가락으로 깊게 누르면 접시 모양과 비슷한 형태가 만들어질 수 있다. 여기에서부터 입체적인 형태를 계속 확장하여 포현될 수 있도록 한다.
- 둥글게 만든 편편한 형태에 어떤 모양을 만들어 넣을 수도 있다. 날카로운 부분들은 젖은 손가락으로 부드럽게 할 수 있다.
- 작업한 점토 만다라는 그대로 그늘에 말리거나 구울 수 있다. 구워서 유약으로 색을 낼 수도 있고 말린 후에 아크릴 물감을 칠하거나 물감 사용 후에 락카를 입힐 수도 있다.
- 지점토나 공예점토로 만다라를 제작할 수 있다. 다양한 색의 인조 공예점토는 모든 연령층이 좋아하는 재료다.

〈치료 효과〉
- 이완작용을 한다.
- 소근육과 대근육 운동에 도움이 된다.
- 집중력을 향상시킨다.
- 창의적 에너지를 활성화한다.
- 스트레스 해소와 신진대사 작용에 효과가 있다.

제9장 만다라 제작

1. 만다라 제작 I

1) 만다라 선택

- 만다라 그리기는 일반적으로 문양이 있는 만다라를 선택하여 색
  칠을 하는 것과 스스로 자유롭게 만다라를 그리는 두 가지 방법으
  로 나눌 수 있다.
- 초기에는 먼저 문양 만다라를 선택하여 그리는 것이 용이하다.
- 문양 만다라를 그리기 위해서는 만다라를 선택할 기회를 준다. 4~
  6종류 정도의 만다라를 제시한 후 한 가지를 선택하게 한다.

- 만다라 문양의 크기는 다양하다. 그러나 너무 작아서는 안 되며 가능한 한 다음과 같은 크기로 한다.
  - 개인 만다라: A4 크기나 20×20cm 정도
  - 파트너 만다라: A3 크기나 40×40cm 정도
  - 집단 만다라: 집단의 크기에 따라 다를 수 있다. 4~8명 정도에는 전지 1~2장 정도가 적절하다(종이에 큰 원을 그려 오려서 사용 가능).
- 만다라 문양의 내용은 연령에 따라 다르게 제시한다. 아동에게는 단순하고 간단한 문양부터 제시한다. 연령이 높아짐에 따라 세밀한 만다라 문양을 소개할 수 있다. 노인에게는 너무 세밀하거나 복잡한 문양 제시는 피한다.
- 만다라를 처음 그리는 사람은 가능한 한 단순하고 큰 만다라 문양을 선택한다. 피곤하고 긴장된 날을 보냈다면, 윤곽이 분명하고 형태가 너무 크지 않는 문양을 택한다. 기분이 저조하거나 슬플 때는 리듬감과 곡선 형태가 많은 문양을 선택하는 것이 좋다. 그러나 더 중요한 것은 만다라를 그릴 때, 그 순간의 기분을 나타낼 수 있는 것을 선택하는 것이다.
- 만다라 형태에 대해 어느 정도 친숙해지면 자신이 스스로 만다라를 그릴 수 있다.

2) 시간

- 만다라 그리기가 완성될 때까지 그린다.

- 만다라를 완성하는 데 필요한 시간은 일반적으로 1시간 정도다. 그러나 개인마다 속도가 다르기 때문에 지도자는 재촉해서는 안 된다.
- 만약 완성을 하지 못하면 그리던 만다라는 그대로 둔다. 다음에 만다라를 그릴 때는 다른 문양을 선택하여 처음부터 다시 그린다. 만약 이전에 그린 만다라를 계속 그리고 싶으면 색칠하지 않은 같은 문양에서 다시 그리기 시작한다. 이러한 이유는 만다라 그리기는 바로 그 순간의 감정과 심신의 상태를 묘사하는 것이기 때문에 시간이 지나서 계속 전의 것을 그리는 것은 큰 의미가 없다.

3) 만다라 그리기와 감상

〈문양 만다라 그리기〉

- 선택한 문양을 앞에 두고 눈을 감은 채 다시 한 번 자신의 기분과 심신의 상태에 마음을 모은다.
- 눈을 감고 있는 동안 어떤 색이 마음속으로 떠오르는지 기다린다. 만다라를 그릴 때는 마음에 떠올랐던 색을 선택한다. 만다라를 그리려고 하는 시점에는 어쩌면 자신의 진실한 느낌이 무엇인지 분명하게 의식하지 못할 수도 있다. 이러한 경우에는 즉흥적으로 떠오르는 색들이 그와 같은 불분명한 기분의 근저를 찾아가는 길잡이 역할을 할 수 있다.
- 만다라를 그리는 동안 불안, 기쁨, 평화, 분노, 화, 짜증, 미움, 사랑의

여러 감정이 나타날 수 있다. 만약 이러한 감정을 그대로 표현한다면, 감정 작업을 하거나 승화시킬 수 있는 기회를 갖게 된다. 이러한 과정은 자신 안에 있는 갈등 요소와의 대면을 통해서 조화와 균형을 얻게 되는 치료적 효과라고 할 수 있다.

- 만다라를 그리는 방향은 밖에서 안으로 혹은 안에서 밖으로 시작하여 그릴 수 있다. 내적 고요를 발견하기 위해서 자신이 시작한 방향대로 계속하여 그린다. 만다라를 그리는 중에 여기저기 방향을 바꾸며 그리지 않도록 한다.

- 만다라를 그릴 동안 명상음악을 들려줄 수도 있고 음악 없이 그릴수도 있다. 말없이 오래 있는 데 어려움이 있는 아동이나 청소년을 위해서 부드럽고 조용한 음악을 낮게 들려주는 것이 더 효과적이다.

- 향을 피우거나 촛불을 켜 둘 수도 있다. 이때 실내 공기를 환기하는 것도 숙지한다.

- 문양 전체를 칠해야 한다는 규정은 없다. 원한다면 일부러 흰 부분을 남겨 둘 수도 있다. 또 자신이 원하는 것을 더 그릴 수 있다.

- 개인적 만다라는 반드시 혼자서 조용히 그려야 한다. 모든 만다라는 결코 다른 것과 같을 수 없는 유일한 것이다. 만다라는 바로 그날의 정신과 심리상태를 나타내는 거울과 같다. 그렇기 때문에 만약 그날 만다라를 완성하지 못하면 그대로 두고, 다음 만다라는 새로운 것을 선택하도록 추천한다. 사람의 기분과 느낌은 항상 변하기 때문에 오늘의 만다라가 내일에는 맞지 않을 수도 있기 때문

이다.

- 만다라는 누구나 자신의 내적인 것을 조화롭게 하기 위해서 그리기 때문에, 원래는 혼자 그려야 한다. 그러나 두 사람이 짝이 되어 함께 그릴 수도 있다. 이러한 작업은 짝이 자신에게 결여된 것을 보완해 주거나 갈등의 문제를 살펴보는 데 도움이 된다. 그리는 동안은 서로 말을 하지 않고 그리는 것이 자기 내면의 중심과 역동에 집중할 수 있기 때문에 효과적이다.

- 만다라를 처음 그릴 때는 피곤을 느낄 수도 있는데, 이것은 그림을 그리기 전에 자신이 매우 긴장했거나 피곤한 상태이기 때문이다. 그러나 만다라 그리기에 심취함으로써 만다라를 다 그린 후에는 편안한 수면을 취하고 난 뒤의 느낌을 갖게 된다.

- 색칠을 끝낸 사람은 모든 사람이 끝날 때까지 조용히 기다린다.

- 집단일 경우, 만다라를 다 그린 후에는 함께 모여서 감상하며 서로의 느낌을 나눌 수 있다. 만다라를 그릴 동안의 느낌이나 다른 사람들의 어떤 만다라가 마음에 드는지 등을 이야기할 수 있다. 이때 그림이 지니는 색이나 형태를 너무 빨리 분석하고 심리적 의미를 알려고 하는 것을 피하도록 한다. 만다라를 그리고 시간이 많이 지난 후에 색과 형태가 주는 의미를 파악할 수도 있다.

- 지도자나 치료사도 상징의미에 즉각적 평가를 하기보다 어떻게 하여 그러한 색과 형태가 표현되었는지 먼저 당사자에게 질문을 하면서 상징을 이해하도록 한다.

- 만다라 그림에 대해 옳다거나 틀렸다는 평가를 할 수 없으며, 평

가를 해서도 안 된다.

〈만다라 구상하여 그리기〉

• 앞에서 제시한 준비예식인 호흡연습과 이완연습, 시각화 연습 혹은 상상여행을 한 후에 그 순간에 떠오른 이미지를 마음 속에 그려 본다.

• 우선 자신의 마음에 드는 크기의 원을 그린다.

• 사용하고 싶은 색들을 선택하여 심상에서 떠올랐던 이미지를 원안에 그리거나 즉흥적으로 자기 마음대로 그림을 그린다.

• 미적인 관점이나 작품 결과의 평가에 대해 생각하지 말고, 자신이 원하는 대로 형태와 색을 선택하여 그린다.

• 만다라를 그리는 동안 어떤 특별한 생각이 떠오르면 다 그린 후에 이것을 메모해 둔다. 이러한 작업은 자신의 내면에 일어나는 심리과정을 의식화하는 데 도움이 된다.

• 만다라 그리기를 마치고 그림을 감상할 때는 자신이 선택한 그림과 색을 인정하고 받아들이도록 한다. 평소에 사용하지 않던 색을 사용한 자신에 대해 낯설어하거나 놀라는 경우도 많다.

〈집단 만다라〉

• 집단 만다라 활동을 통하여 소속감을 느낄 수 있다. 특히 응집력이 부족하거나 갈등이 있는 집단의 경우 말없이 집단 만다라 작업을 하면 좋다.

- 가족이나 더 큰 집단이 함께 모여서 집단 만다라를 제작할 수 있다. 특히 집단 만다라는 유치원, 학급, 캠프활동, 자기성장 집단, 직장인 스트레스 극복 프로그램, 정신병원, 중독자 병동, 정신신체질병 등을 겪고 있는 집단 영역에 효과적으로 이용할 수 있다.
- 집단원들이 같이 그리거나 제작하는 만다라는 반드시 함께 완성해야 한다.
- 집단 만다라는 너무 복잡한 구조를 띠지 않아야 하며, 되도록 자유롭게 색과 형태를 표현할 수 있는 것이 좋다.
- 자연물을 이용해서 콜라주 형식이나 입체로 큰 만다라를 구성할 수도 있다.
- 야외나 실내에서 참가자들이 바닥에 누워서 그들의 신체로 만다라 형태를 만들거나, 중앙에 어떤 중심을 두고 춤을 추거나 율동을 하면서도 만다라를 표현할 수 있다.
- 지도자가 상상여행으로 주제를 유도할 수 있다.

〈집단 만다라의 예〉
- 전지 1~2장 정도를 정사각형으로 만들어 종이를 바닥에 고정시킨다.
- 모든 집단원에게 속하며 영원함과 조화를 상징하는 큰 원을 종이의 중앙에 그린다.
- 큰 원의 주변에 집단의 인원수에 해당하는 작은 원들을 같은 크기로 그리거나 모서리에 작은 원들과 닿을 수 있는 정사각형과 직사

각형을 그려 둘 수 있다.

- 먼저 큰 원을 함께 그린다. 그 후에 집단원은 각자 자신의 작은 원을 정하여 자유롭게 만다라를 그린다. 이러한 순서를 거꾸로 할 수도 있다. 즉, 개인의 작은 원부터 그린 후에 함께 큰 원을 그릴 수 있다. 그러나 큰 원만 그리고 다른 것은 생략해도 된다.
- 원을 그린 후 집단원들은 종이 위에 머리를 맞대고 눕거나 어깨를 대고 둥글게 앉아서 눈을 감고 지도자의 안내를 듣는다. 주제는 지도자가 안내하거나 이완 작업 후 집단이 스스로 결정할 수 있다.
- 그리는 동안에는 서로 말하지 않고 끝까지 그린다.
- 집단원들 모두가 만다라 그리기나 제작을 마친 후에는 둘러앉아 만다라를 감상하고, 작업 동안 느낀 점이나 완성된 만다라에 대한 인상에 대해 이야기를 나눈다.

2. 만다라 제작 II: 빛의 샘인 우리의 몸

만다라 제작 II와 III에서는 Cornell(1994)의 만다라 제작에 근거하여 소개하고자 한다.

1) 준비의례: 모든 재료에 대한 은총

- 등을 곧게 펴고 발바닥이 바닥에 닿도록 의자에 앉는다.
- 흰색 색연필 두 자루를 한 손에 쥐고 다른 쪽 손의 손바닥을 검은 종이 위에 놓는다.
- 영감을 줄 수 있는 부드럽고 조용한 음악을 틀어 둘 수 있다.
- 지도자는 다음과 같이 준비의례를 위한 명상을 유도한다.

숨을 세 번 깊이 쉽니다……. 숨을 내쉴 때는 자신의 마음과 몸에 깃든 모든 긴장이나 부정적인 생각들을 내보냅니다……. 천천히 여유 있게 호흡을 합니다……. 눈을 감고 자신의 마음을 받아들이며 자신의 영적인 눈이라고 불리는 양 눈썹의 가운데에 정신을 집중합니다…….

영적인 눈이 있는 자리에 자신이 믿는 초월자, 예를 들어 예수나 부처의 존재를 상상하든지, 혹은 그냥 눈을 감은 상태에서 당신을 위하여 존재하는 은총으로 가득 찬 하얀 빛의 존재를 상상합니다…….

은혜로운 빛 에너지에 대해 명상합니다. 그 빛은 당신의 목을 통과하여 온기와 사랑의 느낌으로 당신의 가슴에 와 닿습니다. 계속하여 그 힘이 당신의 신체에 고루고루 퍼져 나가게 하십시오…….

빛은 당신의 온몸 안에서 퍼지며 더욱 밝아져서 눈부시게 됩니다…….

이제 이 신성한 빛을 당신의 가슴에 모이게 하여 무조건적 사랑의 마음으로 펼쳐 봅니다. 당신의 가슴에서 흘러나오는 사랑과 빛이 당신의 팔과 손, 손가락, 손가락 끝에 가서 당신이 잡고 있는 색연필과 종이에 축복을 내려 준다고 상상하십시오.

이 빛이 당신과 색연필과 종이에 함께 있음을 상상하십시오. 상상이 끝나면 그림을 그리기 시작합니다.

2) 재 료

- 컴퍼스나 본뜨기를 위한 다양한 크기의 접시
- 샤프연필
- 각도기(원 안에 세밀한 기하학적 대비를 그릴 때 사용)
- 검은색 켄트지나 목탄지(50×60~70cm 정도)
- 흰색 색연필
- 명상음악
- 노트나 메모지

3) 손의 윤곽 그리기

- 검은색 큰 종이에 지름이 약 45cm 정도 되는 원을 흰색 색연필로 그린다([그림 1] 참조). 이 연습은 마음을 치유하는 데 도움이 된다.
- 원을 그린 후에 흰색 색연필로 자신의 두 손의 윤곽을 원 안에 그린다([그림 2] 참조). 윤곽은 겨우 보일 만큼 아주 연하게 그린다. 두 손의 윤곽은 그리는 것은 그리는 과정을 나타내는 것이기 때문에 진하게 그릴

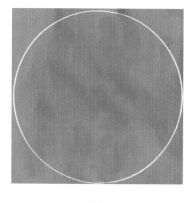
[그림 1]

[그림 2]

필요가 없다.

• 그림을 그릴 때, 자신 안에 있는 아이 같은 기쁨과 열정을 얻도록 한다. 그림의 역동성을 위해서 다양한 손 모양의 이미지를 적어도 세 번 혹은 그 이상을 그린다. 두 손이 겹쳐지게 그릴 수도 있다.

• 모든 선이 원의 테두리와 연결되거나 다른 손 그림과 이어지도록 한다. 모든 손은 서로 연결되며 원이나 종이의 테두리와 이어진다는 생각을 하면서 그린다([그림 3] 참조).

4) 손 그림 색칠하기

• 다시 눈을 감고 앞의 '준비의례'에서 한 명상을 시도한다.
• 마음속에 나타난 빛의 이미지를 떠올리며 눈을 뜬다.
• 자신 앞에 있는 그림을 보고 어떤 부분을 검은색으로 남겨 두고

[그림 3]   [그림 4]

어떤 부분을 흰색으로 칠할지 결정한다.

• 한 영역을 선택하여 흰색을 칠하기 시작한다. 바깥에서부터 빛의 영상을 그려 나간다. 빛의 영상을 그릴 때 손의 윤곽선이 안 보이게 칠한다. 손의 윤곽부터 먼저 힘 주어 칠하면서 점차 윤곽선을 벗어나면서 가능한 한 힘을 빼면서 그린다. 바깥으로 그리면서 점차 흰색이 검은 종이 속으로 사라지도록 칠한다. 이러한 기법은 매우 부드럽고 가벼운 느낌을 준다([그림 4] 참조).

• 선으로 둘러쌓인 손의 각 부분마다 흰색으로 그릴 수 있다. 색칠은 색연필의 터치로 할 수도 있고 손가락 끝으로 흰색을 지우면서 빛의 감각을 만들어 갈 수도 있다.

• 15분마다 그림 그리는 것을 멈추고 그림을 걸어 두거나 어느 정도 거리를 두고 점검해 본다. 떨어진 거리에서 그것이 빛의 이미지들을 나타내고 있는지를 자신에게 물어본다. 그림을 그릴 동안 빛의

묘사에 집중했는가? 빛의 스케일을 완전히 나타냈는가? 이러한 생각을 해 보는 순간은 자신이 어디에 더 작업을 해야 하는지를 알게 해 주며, 시각화에 초점을 맞출 수 있고 나아가 자신 안에 있는 치유에너지를 활성화할 수 있다.

• 그림을 다 그렸으면 그것을 걸어 두고 본다. 자신의 몸 안에 있는 치유의 에너지가 새로 깨어나기 시작하도록 허락한다. 손의 이미지를 그리는 동안 자신은 내적으로 변한다. 그림을 그리는 동안 더 집중할수록 몸 안에 있는 생명의 힘을 향하여 더욱 강해질 것이다.

〈그릴 때의 주의 사항〉

• 그림을 그릴 때 손으로부터 나오는 생명의 힘을 의식적으로 그리려고 집중한다. 의지는 소망하는 것과 다르다. 의지는 주체적인 행동이다.

• 빛의 전체 스케일을 사용한다는 것을 기억한다. 구체적인 대상에 대한 생각을 쫓아 버리고 윤곽에서부터 전체적으로 빛이 나게 한다.

• 마음이 흔들리면 다시 시작 단계의 명상으로 돌아와서 눈을 감고 내적 이미지를 떠오르게 한 후에, 계속해서 그림을 그린다.

3. 만다라 제작 III: 무지개색 만다라

1) 재 료

- 샤프연필
- 지우개
- 검은 종이(50×65cm 혹은 70×50cm)
- 명상음악
- 색연필

2) 삼원색 그리기

[그림 5]

- 파랑, 노랑, 빨강, 하양의 네 가지 색을 준비한다.
- 우선 빛의 크기를 원으로 정하여 흰색으로 그린다.
- 원의 중심에 흰색으로 작은 정삼각형을 그려 진하게 색칠을 하고 바깥의 원주까지는 전체적으로 점점 연하게 칠한다.
- 각 변마다 각각 다른 삼원색을 흰색과 겹쳐 칠한다.
- 각 색들은 두 개의 다른 색들과 겹쳐 칠해진다([그림 5] 참조). 이 과정에서 삼원색을 경험한다.

3) 흰색을 지나가는 삼원색 그리기

- 삼원색이 흰색 위로 겹쳐지면서 무지개 색의 효과를 경험한다.
- 검은 종이에 흰색 색연필로 먼저 작은 정삼각형을 그린 후에, 그 것을 중심으로 더 큰 삼각형을 겹쳐 그린다.
- 작은 정삼각형의 각 변에서부터 큰 삼각형의 변 쪽으로 흰색을 칠 한다. 처음에는 진하게 칠하다가 점점 연하게 칠해 나간다. 큰 삼 각형의 각 변에서는 흰색이 거의 보이지 않는다.
- 작은 삼각형의 각 변에 칠해진 흰색에 각 변마다 다른 삼원색을 칠한다. 예를 들어, 왼쪽 변에는 빨강, 오른쪽 변에는 노랑, 아래 쪽 변에는 파랑의 순서로 칠한다.
- 흰색 위에 색을 칠할 때는 앞의 흰색을 칠할 때와는 반대로, 연하 고 아주 부드럽게 색칠을 시작하여 점점 진하게 칠한다. 큰 삼각 형의 변에 이르렀을 때는 가장 진하게 칠한다.
- 흰색 위에 다른 색을 섞을 때는 색연필을 힘 있게 누르지 않도록 한 다. 부드러운 터치로 흰색 위에 색을 섞는다. 점차적으로 색들이 섞 이도록 주의한다.
- 위의 방법과는 다르게 칠할 수도 있다. 즉, 큰 삼각형의 각 변에서부 터 각각 다른 삼원색을 칠하기 시작한다. 예를 들어, 빨강을 큰 삼각 형의 왼쪽 변에서 진하게 칠하기 시작하여 작은 삼각형의 변 쪽으로, 즉 흰색이 진하게 칠해진 쪽으로 점점 연하게 칠한다. 이와 같이 노 랑과 파랑도 큰 삼각형의 변에서 진하게 칠하고 서서히 연하게 한다.

[그림 6]

- 이러한 색의 섞임을 통하여 큰 삼각형의 각 꼭지점에는 이차색인 주황, 초록, 보라가 나타난다(그림 6 참조).

4) 일차색과 이차색을 이용한 무지개 그리기

- 빨강, 파랑, 노랑, 주황, 보라, 녹색과 하양을 준비한다.
- 검은 종이에 먼저 작은 육각형을 흰색으로 그린 후에 큰 육각형을 그린다.
- 작은 육각형의 각 변에서 큰 육각형 쪽으로 흰색을 칠해 나간다. 진하게 칠하기 시작하여 점점 연하게 칠하여 큰 육각형의 변에는 흰색이 거의 사라지도록 부드럽게 그린다.
- 여기에서 일차색과 이차색의 결합이 나타난다.
- 먼저 큰 육각형의 아래쪽에서 빨강을 진하게 칠하기 시작하여 작은 육각형 쪽으로 점점 연하게 칠하여 진한 흰색에서는 빨강이 거

의 없도록 한다.

- 그다음은 큰 육각형의 왼쪽 위에서 노랑을 칠하여 작은 육각형 쪽으로 서서히 연하게 칠한다.
- 큰 육각형의 오른쪽 위에서 파랑을 작은 육각형 쪽으로 칠한다.
- 큰 육각형의 왼쪽 아래쪽에서 주황을 칠한다.
- 큰 육각형의 오른쪽 아래쪽에서 보라를 안쪽으로 칠한다.
- 큰 육각형의 위쪽에서는 녹색을 아래로 칠한다.

5) 무지개색의 효과

〈준비물〉
- 일차색(빨강, 노랑, 파랑)
- 이차색(주황, 녹색, 보라)
- 검정과 하양
- 검은 종이
- 컴퍼스나 원을 그릴 수 있는 물건

〈그리기〉
- 흰색으로 작은 원을 그린다. 그 위에 큰 원을 그린다.
- 작은 원 안에 단순한 기하 형태를 그린다(예: 삼각형).
- 위와 같은 형태 두 개나 세 개를 같은 종이의 오른쪽에 똑같이 그린다.

- 제일 왼쪽에서부터 색을 칠한다. 먼저 세 개의 기하 형태에 각각 다른 일차색을 고루 칠한다.
- 오른쪽의 같은 형태에서는 일차색, 이차색, 흰색, 검은색을 섞어 가며 색을 칠한다. 왼쪽의 형태에서 느끼는 것과 어떤 다른 효과 를 나타내는지를 느껴 본다.
- 이러한 연습을 한 후에는 좀 더 복잡한 기하 형태를 마음대로 구 성하여 색의 효과를 실험할 수 있다.

4. 만다라의 완성과 보관

- 만다라를 완성한 후에는 만다라를 벽에 붙여 놓을 것인지 액자에 넣을지 고려해 본다. 액자가 너무 화려하거나 액자의 유리로 인하 여 만다라의 생생함이 사라질 위험이 있기 때문에, 가능한 한 유 리가 없는 단순한 나무 액자에 넣는 편이 낫다. 마분지나 골판지 로 네모나 둥글게 액자를 만들어서 걸어 둘 수도 있다. 이때 액자 의 색은 중립적인 색이거나 그려진 만다라 색상에서 가장 많이 사 용된 색으로 할 수 있다. 반대되는 색도 훌륭한 효과를 볼 수 있다.
- 만다라를 한 번에 완성하지 못했다면, 그 만다라는 그대로 둔다. 만다라는 바로 그 당시의 기분과 감정상태를 나타내는 것이기 때 문에 나중에 다시 계속 그리는 것은 추천하지 않는다.
- 만다라는 명상을 위한 것이다. 그렇기 때문에 항상 가까이에서 볼

수 있도록 걸어 둔다. 많은 만다라를 그렸으면, 그때의 기분에 따라 만다라를 바꿔 걸 수도 있다.

- 액자에 넣지 않은 만다라는 화첩에 잘 보관한다. 자신이 그린 만다라를 선물하려면 컬러복사를 해서 보관해 둘 수도 있다.
- 좋아하는 만다라를 티셔츠나 편지지, 봉투, 손수건 등에 인쇄할 수 있다.
- 워크숍이나 캠프에서 그린 만다라는 가능한 끝날 때까지 벽에 붙여 두고 자주 보는 것이 좋다.

5. 만다라 감상

앞에서와 같이 만다라를 제작하는 것 외에도 만다라를 감상함으로써 만다라를 통한 명상을 할 수도 있다. 감상의 방법은 다음과 같다.

- 슬라이드나 실물 화상기 등을 통하여 불교의 만다라나 고딕 성당의 유명한 원화창을 감상한다. 이때 고요한 분위기와 맞는 음악을 틀어 두고 만다라를 감상한다. 만다라를 감상하고 그 느낌을 나눈다.
- 불교 사원이나 성당에 직접 가서 만다라를 감상하며 명상을 할 수 있다.
- 마음에 드는 만다라를 구입하여 가까이에서 볼 수 있는 곳에 걸어

두고 감상한다.

- 자신의 만다라를 감상하는 것도 효과적이다. 자주 볼 수 있는 공간에 붙여 두고 감상하면서 자신과 만날 수 있다.

제10장 만다라의 상징

1. 만다라의 색 상징

만다라 그림에 나타난 색은 다른 그림에서와 마찬가지로, 그림을 그리는 사람의 개성과 심리상태를 나타낸다. 무엇보다 일차색(빨강, 파랑, 노랑)과 이차색(주황, 녹색, 보라)은 특정한 정신적·심리적 의미를 지니고 있다. 이러한 색들은 그림을 그리는 사람의 당시 기분상태와 정신상태를 밝혀 주며, 현재나 과거의 문제와 그와 연관된 감정을 나타낸다.

만다라를 그릴 때 직관적으로 그 순간 자기가 쓰고 싶은 색을 사용하면, 자신의 심리적 상태를 가장 잘 알 수 있다. 직관적인 색 선택은 그 당시의 그린 사람의 심리적 상태를 아는 데 결정적인 역할을 한다. 일반적으로 따뜻한 계열의 색들은 그린 사람의 감정을 더 잘 나타내며, 차가운 계열의 색들은 그린 사람을 차분하게 하고 당사자가 당면한 문제들을 합리적으로 해결하도록 장려한다. 색의 선호나 선택은 시간에 따라 변할 수도 있다. 어떤 시점에는 노랑이 좋을 때가 있는가 하면, 또 어떤 시점에는 보라에 끌리기도 한다. 색 선택에 있어서 아동들은 성인들보다 훨씬 더 즉흥적이며, 원색이나 진한 색을 즐겨 사용한다. 이에 반해 성인들은 만다라를 처음 그릴 때, 자신들의 감정들을 노출시키는 이러한 직관적인 색을 표현하기를 주저한다. 그들은 만다라를 색칠할 때에도 미적 관점을 고려하며, 완성했을 때 만다라가 조화롭고 아름답게 보이도록 미리 색의 조화를 계산하는 경우가 많다.

미술치료의 관점

미술치료의 관점에서는 그림을 그리는 사람이 자신과 자신의 내적 삶에 대해서 경험하고 싶어 하면, 현재의 기분을 나타내는 색을 즉흥적으로 선택할 수 있도록 권유한다. 만다라는 그리는 사람의 내적 상태를 알려 주는 것이기 때문에, 색과 형태는 가장 개인적인 의미를 가지고 있다는 점에서 중요하다. 그림을 그린 사람은 만다라를 완성한 후에 자신이 선택한 색들이 어떤 의미를 지니는지 색 상징에 대해 읽어 보면서 자신의 현재 정신적 · 심리적 상태를 알아볼 수 있다. 그러나 색과 형태의 상징을 너무 일반화하여 모든 사람에게 적용하지 않도록 조심해야 한다. 그림을 그린 사람의 느낌과 인상을 제일 먼저 받아들이고 우선적으로 생각해야 한다.

다음은 만다라에서 일반적으로 사용되는 색의 상징적 의미를 긍정적 측면과 부정적 측면으로 나누어 살펴보고자 한다(Chiazzari, 1998; Fincher, 1991; Goethe, 1997; Huyser, 1996; Murty, 1988; Muths, 1998; Naess, 1996; Oslie, 2000; Riedel, 1999; Wuillemet, 1998). 이는 Goethe가 말한, 모든 색은 그 색이 지니는 긍정적이고 부정적인 심리 측면이 있다는 말과 상통한다. 만다라 그림 한 장을 보고 평가하기보다 그린 사람이 지속적으로 그린 여러 장을 비교하면서 상징을 해석한다.

〈빨 강〉
- 긍정적 측면: 사랑, 감각, 열정, 자기신뢰, 힘, 권위, 지구력, 자립심, 삶의 기쁨, 생의 욕구, 획득, 생명력, 강한 의지, 용기, 즉흥성, 정직, 감사, 용서, 인간적, 외향적, 주도적
- 부정적 측면: 본능, 분노, 미움, 자기연민, 자기만족, 급한 성격, 무례한, 지배적, 오만한, 격렬한, 잔인한

만다라에 빨강이 너무 많으면 심리적·정신적 상태에 의심을 해 보아야 하며, 반면 빨강이 너무 적으면 심한 수동성과 자기주장을 위한 의지력 결핍으로 볼 수 있다.

〈파 랑〉
- 긍정적 측면: 고요, 평화, 이완, 안전, 충실, 성실, 섬세한 감각, 원만함, 온유함, 세련된, 침착한, 순진한, 소박한, 다정한, 감격시키는, 창의력이 풍부한

- 부정적 측면: 권태, 무력, 공허함, 야망을 품고 있는, 불성실한, 의심 많은, 거드름 피우는, 정서적 불안정, 냉담한

만다라에서 파랑은 다음과 같이 어머니 주제와 연관될 수 있다.

- 밝은 톤의 파랑은 사랑과 보살핌이 긍정적으로 반영된다.
- 어두운 톤의 파랑은 지배적이고 주도적인 어머니상을 의미한다.

만다라에 파랑을 많이 그리고 자주 사용하는 것은 마음의 어두운 면, 상실, 슬픔, 혼란 등을 표현할 수 있다. 이러한 과정은 이 색으로 상처를 딛고 이겨 내어 앞으로 나아갈 수 있는 지혜와 자기발전이 있는 성숙의 과정을 나타내기도 한다. 이때 주황이 나타난다.

〈남 색〉
- 긍정적 측면: 신뢰, 현실적 이상주의, 꿈이 있는, 직관력이 있는, 제삼의 눈-심안(心眼)을 가진, 두려움 없는, 의무를 충실히 수행하는, 환경에 매우 적극적인, 성실한
- 부정적 측면: 겁을 내는, 편협한, 아량이 없는, 비판적, 어두운 면만을 보는, 우울한

남색이 많은 만다라는 어머니와의 부정적 관계에 관련하여, 마음속 깊이 자리 잡고 있는 불안과 갈등을 나타낸다. 내면의 어두움, 무의식, 수면

과 죽음에 대한 은유적 색채를 나타낸다.

〈노 랑〉
- 긍정적 측면: 빛, 태양, 기쁨, 자유, 발전, 지성, 지혜, 사교성, 환
  상, 자유에 대한 욕구, 정신적 역동성, 높은 정신력, 직관, 조화로
  운 중심, 명쾌한 사고(思考), 넓은 시야, 유머감각, 명랑함, 깨달음,
  낙관적, 확신에 찬, 자신 있는, 행복한
- 부정적 측면: 질투, 자기 과대평가, 협소함에 대한 불안, 피상적,
  염세적, 회의적, 아첨을 잘하는, 교활한, 소심한, 비겁한

만다라에 그려진 노랑은 다음과 같이 다양하게 해석될 수 있다.

- 사람이 그려진 만다라에 있는 노랑: 자신의 삶을 새롭게 만들며,
  자신의 힘으로 자신의 인생을 결정한다는 의지, 새로운 방향설정,
  새로운 것의 탐색, 발전 욕구
- 노랑이 만다라에 항상 우세하게 나타나는 경우: 갈등을 극복하는
  시기, 내면화된 아버지의 영향에서부터 자유로워짐(여성의 경우, 이
  단계에 만족감과 의기소침한 상태를 넘나드는 정서적 동요가 나타날 수
  있음)
- 강렬한 노랑에 음양의 대비가 강한 색을 사용한 만다라인 경우에
  는 의식과 무의식의 싸움을 나타낼 수도 있음
- 건강한 자존감, 새로운 것에 대한 개방성, 개인적 발전이 보이는

균형 잡힌 인성을 나타냄.

〈녹 색〉

- 긍정적 측면: 균형, 성장, 희망, 저항력, 생명, 자연, 의지, 치유, 완
쾌, 새로운 시작, 일체성, 건강, 건전함, 목적 달성, 강인함, 지구
력, 명성, 조화로운, 어린이와 동물을 사랑하는, 이해심 있는, 자
제력, 적응력 있는, 동정심 많은, 관대한, 겸손한
- 부정적 측면: 거짓, 욕심, 권력, 판단력 부족, 돈 문제에 부정직한,
소유욕, 질투심 많은, 분별력 없는, 무모한, 인색한, 잔인한, 무자
비한

만다라에서 녹색은 다양한 것을 표현할 수 있다. 녹색은 보호해 주
고 보살펴 주는 강한 능력, 자연과의 밀접한 관계나 그에 대한 동경, 내
면에 있는 치유의 힘과 창의적 힘을 드러낸다. 만다라에서 녹색은 무
엇보다 정서적 영역이 주제가 되거나 감정과 정서를 받아들이고 즐기
는 것을 찾고자 하는 동경을 나타낸다.

- 녹색(파랑과 노랑이 고르게 섞인 녹색): 긍정적이고 조화로운 자기발전
- 전나무색: 안정된 자신감과 자존감 표현
- 검은 전나무색: 죽음, 위험, 부패 경고
- 황록색: 독, 고름을 의미하며 전이적 의미로서 자제력이 없는 열
정과 욕심

〈주 황〉

- 긍정적 측면: 에너지, 낙천주의, 생의 욕구, 생명력, 활동성, 용기, 강함, 개방성, 젊음의 활력, 건강, 자기신뢰, 친절, 순수한, 진심, 기쁨, 열정, 자기확신, 독립적, 건설적, 사교적, 섬세함, 음식을 좋아하는, 넘치는 에너지, 활동적
- 부정적 측면: 권세욕, 자기과시, 경망스러움, 다른 사람에게 자신의 문제를 해결하도록 하는 성향, 거식증(혹은 폭식증), 알코올 오남용, 거만한

만다라에 많이 나타나는 주황은 긍정적 측면과 부정적 측면을 동시에 나타낼 수 있다. 즉, 자의식과 자기회의를 동시에 표현하는 양면성을 지니고 있다. 방심과 부주의한 성향이나 에너지가 넘치는 목적지향성과 공명심을 나타낼 수 있다.

〈분 홍〉

- 긍정적 측면: 즐길 수 있는 능력, 낭만, 우아, 애정, 자제력, 헌신, 자기망각, 부드러움, 겸양, 소녀나 젊은 여성, 여성성
- 부정적 측면: 보호욕구, 억제, 경쟁심 상실, 센티멘탈한, 허약한

만다라에 분홍을 많이 사용하는 것은 매우 섬세한 감정과 강한 보호욕구를 나타낼 수 있다. 적대적인 주변 환경의 공격에 대한 불안충동을 나타낼 수 있기 때문에, 만다라의 분홍이 너무 많은 것은 병을 감추

고 있거나 스트레스를 받는 신경증세를 의미할 수 있다.

〈보 라〉
- 긍정적 측면: 신비주의, 신비한 힘, 영성, 초자아, 변화, 영감, 정서 존중, 대립의 극복, 개별성, 강한 정서, 창의성, 상상력, 정신력, 영 적 지도자, 자기희생, 순수한 이상주의자, 친절한, 공평한, 인도주 의의
- 부정적 측면: 우울증, 고통, 단식, 포기, 전향, 노이로제 경향, 내적 긴장, 오만한, 거드름 피우는, 속물적, 불성실한, 광신적, 마술에 관심 있는

만다라의 보라는 강한 정서와 상승하는 창의력과 생산적인 판타지를 나타낼 수 있다. 만다라에 보라가 우세하면 내적으로 긴장하고 있음을 의미하며, 특히 성(性)역할과 사회적 위치에서 갖게 되는 긴장과 관계가 깊다.

〈터키색〉
- 긍정적 측면: 사교성, 우정, 의사소통 능력, 독창력, 우아, 매력, 자아의식, 유머감각, 자기치유의 역할
- 부정적 측면: 자기중심, 고집, 인정 욕구

만다라에 나타나는 터키색은 남모르는 심각한 위기를 겪고 있을 때

부딪히는 문제를 극복하기 위한 수단으로 사용된다. 터키색은 상처와 아픔에 대한 의식화를 두려워하는 위기의 과정에서 자기치유의 역할을 한다.

〈하 양〉

- 긍정적 측면: 순결, 완전성, 덕, 구원, 고결함, 명료함, 천진, 공평성, 신뢰성, 사업수완, 정직성, 진실함, 여성성, 영적 풍요로움, 지혜
- 부정적 측면: 완전주의, 추상적 경향, 차가움, 심리적 압박감, 감추어진 감정과 정열, 화

하양은 자주 은색으로 사용되기도 한다. 만다라에 하양이 우세하면 한편으로는 심오한 영적 풍요를 나타내며, 다른 한편으로는 강한 심리적 압박을 증명한다. 즉, 하양은 내적 명료성, 영성과 민감성으로의 새로운 단계에 이르렀으며, 동시에 마음 깊숙이 감추고 있는 감정과 열정을 나타낸다.

〈검 정〉

- 긍정적 측면: 정복 불능, 개혁, 복구, 가치, 회귀
- 부정적 측면: 권태, 강요, 압박, 희망 상실, 고독, 죽음, 파괴, 정체 상태, 죄, 슬픔, 상실, 공포, 위협, 희미함, 우울증

만다라에서 검정은 죽음과 상실과 슬픔과 대결을 하는 것을 나타낼

수 있다. 그것은 우울함과 무의식을 강하게 다루고 있거나 자신 안에 있는 부정적인 인성을 통합하고자 하는 상태를 암시할 수 있다. 검정으로 다른 색들을 강조하거나 상대화할 수도 있다.

〈회 색〉
- 긍정적 측면: 참회, 지혜,
- 부정적 측면: 우울증, 무기력, 무관심, 무감각, 억제, 미결정

〈갈 색〉
- 긍정적 측면(따뜻한 갈색 톤): 어머니인 대지와 관련, 보호하고 영양분을 주는 역할과 과제, 고난 시기 극복, 검소, 퇴비
- 부정적 측면: 가난, 대변, 죄인, 억압

만다라에 갈색이 우세하면 자신감 부족이나 보호와 안정에 대한 욕구로 추측할 수 있다. 다른 한편으로는 대지와의 결속, 모성, 비옥함, 다산(多産), 힘든 인생여정의 종말을 상징할 수 있다.

〈인디언 의학에서의 색 상징〉
- 하양: 깨달음, 완전성, 동감, 고요
- 검정: 비밀, 직관, 통찰, 재생
- 투명한 색: 영적 치유, 부드러움, 사랑, 믿음
- 노랑: 친절, 민감성, 감수성, 자연, 지능

- 파랑: 만족, 행복, 조화, 이완
- 밝은 빨강: 두려움이 없음, 권력, 변화, 거래
- 자주: 이웃사랑, 이상주의, 지혜
- 붉은 금색: 지혜, 명료함, 생의 의욕, 계몽
- 분홍: 예민성, 내면어린이의 치유, 만병통치
- 주황: 자아 조절, 활발함, 욕심, 직관
- 황록색: 성장, 신뢰, 사랑, 관계, 치유
- 엷은 녹색: 재건, 치유, 순수
- 녹갈색: 지구력, 강함, 성장, 용기
- 갈색: 대지와의 연결성, 안정성, 환경의식
- 청록색: 정화, 순결, 만족, 행운
- 터키색: 균형, 강한 예술적 · 치유적 능력
- 짙은 하늘색: 지혜, 영성, 정화, 영혼의 치유
- 은색: 초감각적 능력, 풍부한 정서, 건강

인도 차크라(Chakra)의 무지개색 상징

- 빨강: 뿌리(생식기) – 생명, 생존
- 주황: 비장(脾臟) – 에너지, 성(sex)
- 노랑: 복강 신경조직(명치) – 지능, 활동
- 녹색, 분홍: 심장 – 조화, 사랑, 공감
- 파랑: 후두(喉頭) – 종교적 영감, 창의성, 언어, 의사소통
- 남색: 이마 – 직관, 상상력

• 보라: 정수리 – 영성(靈性)

2. 만다라의 숫자 상징

만다라에 빈번히 나타나는 형태와 연결된 개수, 예를 들어 꽃잎이나 기하 형태 등의 개수는 심리적 의미를 지닌다. 피타고라스(Pythagoras)는 "수(數)와 측도(測度)는 모든 사물의 본질이며 모든 존재의 질서를 주기 때문에 사물을 주관한다."라고 하였다(Fiala, 1997). 만다라에서 형태의 개수가 주는 의미는 중요한 역할을 한다. 여기에서 개수는 만다라의 구조와 기하 형태와 리듬감 있고 정돈된 분할을 위해 중요한 요인이 된다. 숫자 상징에 일반적으로 이용되는 0에서 13까지의 의미는 다음과 같다(Murty, 1988., Riedel, 1999., Wuillemet, 1998).

〈영〉
비어 있는 원, 무(無), 영원, 완전한 형태, 모든 것의 결핍, 허무, 불분명한

〈하 나〉
• 하나는 형태상으로 사람이 바로 서 있는 모습을 나타냄
• 시작, 근원, 유일성, 일치와 통일성, 신과의 개별성, 내부에 모든 힘을 품고 있는 중심, 통합, 개인, 정신의 성숙, 모든 과정의 시작, 어

린아이의 체험, 수동적, 행복한, 사랑스러운, 초개인적, 자기중심

〈둘〉

쌍둥이, 반대, 파트너, 짝 지움, 친밀감, 창조, 생식, 분열, 대립, 구별, 회의, 갈등, 물질, 음(陰), 초기의 미분화된 단일성 극복, 분화, 이원론, 영상(映像), 이중성

〈셋〉

운동, 활력, 추진력, 비약, 과정, 남자와 여자와 어린이, 새로움, 채움, 독립 욕구, 신성, 갑작스러운 자기인식, 양(陽), 역동적 진행, 새로운 것을 이룩하여 대립 긴장 풀림, 완성, 무의식으로 변화하는 운동

〈넷〉

완벽함, 완결, 고요, 대립의 통일, 합리성, 의식화, 일상에서 자기 자리를 찾으려는 노력과 자기인식을 위한 노력, 전체성, 인식의 심화, 동일성과 자기와의 긴밀한 연결, 에너지, 조화와 질서, 균형과 조화를 위한 심리적 노력

〈다 섯〉

일체성, 중앙, 사랑, 음양의 조화로운 결합, 악에 대한 방어, 건강, 성(性), 감각, 현실 관여, 개인적 꿈과 목적을 실현시키려는 노력, 완전성 추구, 오각형 별, 인간성, 현실적 인간, 싹 트는 삶

〈여 섯〉

여성과 남성, 일체성과 관철력, 대립의 통일, 창의성, 완전성, 창의적 과정의 완성, 만족, 성취, 고요, 자부심

〈일 곱〉

하늘과 땅, 인격수양의 길, 삶의 종말, 성스러운 전통과 일치, 내적 활동, 변화, 신비, 자기발견

〈여 덟〉

우주질서와 균형, 행운, 조화, 완성된 질서와 대칭, 영원성, 정신적 완전성의 길, 영원한 변화와 재생, 전체성, 자기, 안정성

〈아 홉〉

창조정신, 하늘, 인간존재의 수수께끼, 긍정적 정신에너지 소유, 합(合), 진실, 가능성, 통일체 추구

〈열〉

폐곡선, 일체와 전체성, 완전성과 신의 원리, 덕과 윤리, 부부, 현실적 삶 인식, 수학

〈열하나〉

해결할 수 없는 갈등, 죄, 카오스, 경과, 경계 지점, 균형의 어려움,

죽음과 재생, 자기인식의 과정에서 일어나는 갈등

〈열둘〉

일체와 전체성, 행운, 시공의 완성, 완전성, 구제, 자연질서, 종결, 영원한 발전의 순환, 우주질서, 개별성, 전체성의 목적, 시간의 경과, 순환의 완성

〈열셋〉

사기와 기만, 불행한 종말, 종말을 맞이하여야 하는 내적 과정, 거짓, 새로운 시작, 양가감정, 이중 가치

3. 만다라의 형태 상징

만다라를 그리기 위하여 만다라 문양을 즉흥적으로 선택했을 때, 그 만다라의 형태는 색과 마찬가지로 선택한 사람의 정신적·영적 상태를 표현할 수 있다. 일정 기간 동안 계속적으로 어떤 형태를 선호하면, 그것은 그 사람의 내적 세계를 나타내고 있는 것이다. 이러한 맥락에서 만다라를 그린 후에 만다라에 나타난 형태가 각각 어떠한 의미를 지니고 있는지를 살펴보고, 자신의 내적 상태를 반영해 볼 필요가 있다.

만다라의 형태는 색과 마찬가지로 선택한 사람의 정신적·영적 상태를 표현

〈만다라의 기본구조〉

- 원: 운동, 완전성, 신의 상징, 초월, 완벽성, 무한, 자기(自己)체험, 영원성
- 중심점이 있는 원: 원이 무(無), 공(空), 존재하지 않는 것을 나타내는 반면, 중심점은 신적인 본질이나 자기(自己)를 상징
- 수평선: 지상세계와 지하세계의 분리, 인류의 근원적 모성에너지
- 수직선: 속세와 신성의 결합, 모든 것 관통하는 에너지
- 십자형: 대립의 결합, 땅과 하늘의 연결, 영적 영역과 세속의 현실, 밝음과 어두움, 무의식과 의식화, 생(生)과 사(死), 고통, 자신의 어두운 면과 숨겨진 면 인식, 본능 극복, 삶의 어려움, 새로운 자기 중심 형성
- 갈고리 모양의 십자형/만(卍)자형: 우주와 에너지의 운동, 전체성, 완벽성
  - 오른쪽 방향의 십자형: 불행
  - 왼쪽 방향의 십자형: 행복
- 나선형: 변화와 역동, 생명력, 치유의 에너지, 전체성 추구, 의식을 구성하고 고려하는 능력, 개성화 과정, 새로운 방향 전환과 관련된 변환, 심층심리적 면에서 신적 창의성, 에너지 성장
- 역삼각형: 물, 무의식, 여성, 잠재력, 음(陰)
- 피라미드형 삼각형: 불, 리비도, 생명력, 변화, 남성, 창의성, 양(陽)
  - 정삼각형으로 변화: 상실로 인한 삶과 죽음과 재생 주제 다룸,

새로움, 창의성 분출, 자아의식, 무의식의 내용이 위로 향함
- 중심을 향하는 삼각형: 자신에 대한 내면적 공격
- 사각형: 안정성, 조화와 균형(숫자 4에 상응), 판단력, 인간적 완벽성, 서로 다른 요소들 사이의 균형, 정신에서 물질로 변화, 합리적 사고, 목적 지향적 행동, 실행
- 원 안의 정사각형: 땅(사각형)과 하늘(원)의 결합, 무게 중심의 대립, 자기 에너지 충만, 정화
- 육각형 별: 대립의 통일, 중요한 작업 완성, 조화, 만족

〈공 기〉

하늘의 신(제우스), 남성적 원리, 정신, 호흡, 바람, 운동성, 양(陽), 활동성

〈구 름〉

비옥함, 비를 부름, 중요한 본질적인 것 은폐
- 안개구름: 인간세계와 사자(死者)의 세계 사이에 있는 신비한 영역

〈거미줄〉

여성성, 태아기와 아동기의 상태와 기억, 새로운 시작, 자신에게 형상을 부여함, 짜기, 끝없는 자기의 변화

〈계 란〉

생명에너지, 다산(多産), 새로운 삶, 부활

〈꽃〉

봄, 아름다움, 덧없음, 영혼, 자궁, 영원한 생의 부활, 사랑, 죽은 사람에 대한 작별선물, 영혼의 원형적 모사(模寫), 개인적 발전 가속화

〈나 무〉

자기개혁적 삶, 전의식과 결합, 의식화와 초개인적 영역, 성장, 모성(방어, 그늘, 양분, 뿌리 내리기), 개성, 뿌리박기, 다양한 현실 영역 사이의 연결, 무의식, 땅과 하늘의 연결, 자기(自己)의 원형, 성장욕구, 삶, 발전, 성숙, 제단, 죽음과 부활

〈나 비〉

끊임없는 영적 자기개혁, 변화, 죽음과 부활, 영적 힘

〈날 개〉

자유, 승리, 운동, 바람, 생각, 초자연적 존재(신, 천사 등), 태양신, 태양륜, 요정, 선녀, 정령, 악마(악마도 날개를 가질 수 있음)

〈남 근〉

남성의 생식 상징, 능력, 창의적 힘, 집요한 원리

〈눈〉

형안(炯眼), 전지전능한 신의 눈빛, 자아

- 많은 눈: 무의식이 보는 것을 경고
- 한 개의 눈: 자아 상징

〈달〉

달의 순환주기와 여성의 생리주기, 여성의 인생 삼 주기(소녀, 어머니, 지혜로운 노년), 직관, 내적 지혜

〈닻〉

바다의 신 상징, 정지, 안전, 신뢰, 희망

〈동 물〉

본능적 관점, 충동적, 동물적, 비합리적이며 무의식의 관점, 개인의 무의식을 위협적이거나 도움이 되는 동물을 통하여 인식하게 함, 동물과의 동일시를 통한 무의식의 통합, 무의식 상태 상징

- 개: 인간의 충성스러운 친구, 보초, 죽은 자의 안내자(이집트 신 아누비스의 저승을 위한 안내)
- 고양이: 이중적 동물 상징, 흉조, 뱀과 비슷한 상징, 신성한 동물(이집트), 밤의 동물, 고집, 자신만의 길을 가는 것
- 소: 대지의 여신, 모성, 양분을 주는, 소뿔은 달과의 관계와 여성성을 상징

- 사자: 지도자, 동물의 왕, 태양 상징, 강력한 에너지, 빛 상징, 용기, 야생성, 지혜, 힘, 정의, 악마 방어, 일출과 일몰, 동쪽과 서쪽, 어제와 내일, 비옥함과 사랑의 신, (종교에 따라) 예수와 부처의 상징, 무섭고 벌을 주는 권력

- 말: 고귀한 동물, 요술과 관련된 동화와 연결, 자신의 주인과 함께 일함, 통제 못하는 본능, 빛 상징, 이성으로 억제하는 힘, 청춘, 힘, 성욕, 남성성

- 늑대: 의리, 용감함, 길을 찾는 자

- 코끼리: 권력, 평화, 행운, 순결, 겸손, 지혜, 영원성, 강인함, 리비도, 잠재력, 비공격적 힘, 지혜의 신

- 양: 온순, 순결, 순수, 예수의 상징

- 뱀: 뱀은 문화에 따라 다양하고도 중요한 의미를 지님. 남성의 성적 상징, 여성적 생산, 치유, 개혁, 회복, 복구, 우로보로스(Uroboros) 뱀은 영원한 우주적 순환으로서 자신의 꼬리를 물고 있음. 척추의 위로 감고 있는 쿤달리니(Kundalini) 뱀은 생명에너지 상징, 죽음, 죄악, 지하세계

- 호랑이: 힘과 야생성(긍정적 · 부정적 상징), 왕의 덕, 정신적 노력, 내면의 빛, 고생이 지나고 빛이 밝아지거나 많아짐, 절제할 수 없는 본능, 위험한 폭력

- 용: 유력한 정신적 존재, 행운을 가져다주는 존재, 악마를 막아 주는 존재, 풍요, 남성적 힘, 음(陰)과 양(陽)의 원리, 황제의 상징, 괴물, 태고의 카오스, 사탄의 상징, 원대한 목표를 이루기 전의 어려

움, 자아와 무의식의 퇴행적 힘과 싸움

- 토끼: 달, 풍요, 어머니인 대지, 개혁적 삶, 성적 상징, 불안, 겁 많은, 주의 깊은, 방심하지 않는

- 사슴: 생명의 나무와 비교, 풍요, (정신적) 성장, 노력, 빛 발사, 불, 지혜, 고행, 하늘과 땅의 중개, 불모, 건조함, 신성한 동물, 생명의 물, 우울함, 외로움, 남성의 성적 정열

- 돼지: 생산성, 풍요, 행운, 불결한 동물(유대인, 모슬렘), 천박함, 잔인함, 무식함, 무절제, 전투적 기백

- 달팽이: 달의 상징, 지속적인 개혁과 갱신, 능력, 여성의 성기, 임신, 출생, 부활, 부적의 상징

- 쥐: 복된 징후, 부(富)를 가져옴, 태어나지 않은 어린이의 영혼, 죽은 자의 영혼, 변신한 마귀

- 닭: 태양과 불의 상징, 어둠을 밝힘, 주의력, 다산, 번식력, 대담성, 용기, 전투, 영적 지도자, 부활, 빛의 승리, 자존심, 남성의 뻐기는 행동

- 원숭이: 지혜, 지혜로운 삶, 행복한 삶, 성스러운 존재, 타락한 인간, 욕심, 허영, 호색, 뻔뻔스러움

- 게: 물과 바다의 상징과 동일하게 쓰임, 태아, 자궁, 무의식, 부활(기독교), 예수, 달의 상징, 악의 상징(아프리카)

〈대지〉
대지의 여신, 여성적 원리, 음(陰), 영혼, 안정성, 수동성

〈무지개〉

신과 인간의 연결(숫자 7), 남성과 여성적 원리의 성스러운 결합, 태양으로의 복귀 알림, 생산력, 가치로운 것, 원형적 부모, 탄생, 전체성, 개성화 목표, 인성의 새로운 탄생, 어린이의 내적 상처 치유

〈무한대(쌍곡선)〉

무한한 시간과 공간, 합리성에서 초월성으로 통과, 두 개의 대립적 원리가 조화롭게 통일, 이완되고 중점적이며 집중력 장려하는 효과

〈문〉

변화, 새로운 단계로 건너감, 생명의 문과 죽음의 문

〈물〉

생명의 물, 원천, 샘, 세례, 여성의 다산, 무의식, 감정, 정서, 여성성, 음(陰), 수동성

〈물방울〉

다산(多産), 비옥, 남성성, 내적 정화, 순결, 격정과 분노를 씻어 냄, 깊은 감정

• 핏방울: 상처, 깊은 상처에 대해 울고 있는가?

〈물고기〉

물의 상징과 일치, 여성과 남성의 성기, 초기기독교의 예수 상징

〈매 듭〉

풀기와 묶기, 결합, 고정과 옭아맴, 해체, 힘의 발산. 요술 끈은 행운
을 가져다줌

〈미 로〉

자신의 중심 탐구, 자발성, 목표를 위한 어려운 길

〈바 퀴〉

역동성, 비약, 활력

〈번 개〉

깨달음, 지혜와 영적 에너지 획득, 치유, 활동적이고 영적인 힘, 섬
광과 같은 직관적 인식, 열광, 환희, 지혜의 획득, 새로운 성장 단계, 심
리적 에너지, 잠재된 내적 힘의 활성화

〈별〉

자기의식화, 추진력, 개별성, 영감, 창의성, 감동
- 오각형 별: 두 발로 선 인간(독립성), 두 발과 두 팔을 펼친 인간 형
  상, 다섯 가지원소(불, 물, 공기, 흙, 에테르), 다섯 감각, 건강한 자아

　　　정체감, 능력, 긍정적 자신감과 자아동일감, 추진력, 사명의식
- 무수한 별: 잠재력, 창의성, 경쟁의 목적
- 한 개의 별: 개인적 유일성

〈불〉

생명력, 태양, 피라미드, 남성적 원리, 양(陽), 활동성. 불은 따뜻하게 하고 부수고 자유를 주고 왜곡하고 순화하고 변화시키는 상징

〈사슬(체인, 장신구)〉

연결, 묶임, 상황과 사람에 따라서 연대감이 되거나 속박된 느낌이 들 수 있음

〈손〉

다루는 능력, 숙련과 솜씨, 생명력, 우애, 연맹, 관계, 삶을 받아들이고 대면할 준비, 활동성 요구, 자신의 능력에 대한 강한 믿음(숫자 5와 10과 관련)

〈새〉

하늘과 땅의 중개자, 불멸, 정신과 영혼의 중간 존재, 인간의 영혼, 신의 메시지, 변화, 변형, 영성, 정신, 판타지, 직관, 지혜, 적극적인 지적 역량, 절대 정신, 순수한 깨달음, 생명의 활력, 구제된 영혼, 꿈꾸는 사람

- 독수리: 섬광을 가져오는 존재, 전쟁과 죽음
- 부엉이: 어두움, 죽음, 지혜, 독수리의 상징과 반대, 사자(死者)의 새 상징(이집트, 인도), 공포와 죽음을 가져오는 새, 무지의 암흑을 지나 지혜에 이르는 상징, 학문의 상징, 불순함, 정신적 암흑, 종교적 인식, 어둠을 밝히는 빛
- 비둘기: 신성한 정신, 순결과 평화
- 백조: 빛, 순결, 우아함, 여성성, 진실과 죽음을 말하는 능력, 용기, 고상함

〈새의 무리〉

부정이나 부정적 행동, 사악한 욕심, 위험, 활기찬 힘, 더 높은 차원의 자아의식 도달

〈심 장〉

사랑, 행복, 태양, 용감성, 감정, 의지, 인식, 걱정, 기쁨

〈여성 생식기(음문)〉

여성의 성적 능력, 성생활, 성욕 · 음문은 물고기, 타원형, 눈, 살구, 입, 입술이나 편도로 표현

〈왕 관〉

고귀함, 왕, 태양(금관), 더 높은 영적 성숙(화관), 고통(가시관)

〈음양 상징〉

원(원초적 하나) 안에 내포된 이원성

〈촛 불〉

빛, 개인의 영혼, 정신과 물질의 관계, 신앙과 빛의 상징(기독교)

〈칼, 검(劍)〉

남성의 생명력 상징, 지도력, 정의, 용기, 남근의 상징(칼집은 여성적 보완), 위험, 수호천사의 무기, 전쟁의 신

〈탈〉

우리의 진짜 얼굴은 무엇인가라는 질문을 던질 수 있다. 초자연적 힘이나 신성

〈태 양〉

신(神), 신성(神性), 빛, 온기, 불, 생명원리, 남성, 최고의 우주적 지능, 부활의 상징, 정의, 통치자 숭배, 양(陽)의 원리, 선(善), 예수, 영양을 주는 원리, 모성적 원리, 건조함, 가뭄
- 검은 태양: 죽음, 불치의 병, 최고의 원료(연금술), 형이상학적 불안과 우울

〈화 살〉

목적 추구, 남성 상징, 전쟁의 신(마르스)과 연결

〈후광, 무리, 아우라〉

신의 빛

〈해바라기〉

태양, 통치, 신의 사랑, 신을 향한 영혼, 기도

〈휘닉스(불사조)〉

불멸, 부활, 변화 개혁, 재생

만다라 문양의 실례

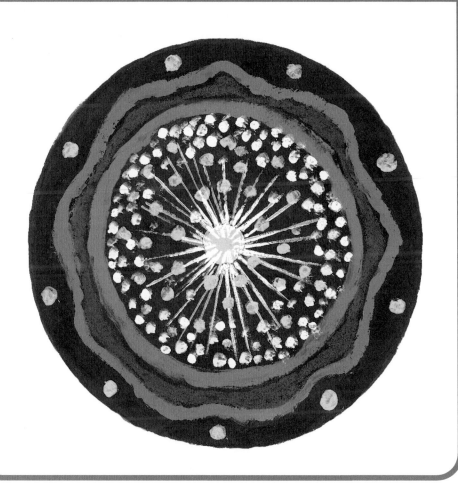

우주에는 네 가지 위대한 것이 있는데
사람은 그 가운데 하나일 뿐이다.
사람은 땅과 더불어 있고
땅은 하늘과 더불어 있으며
하늘은 도와 더불어 있다.
그리고 도는 모든 존재하는 것들과 더불어 있다.

- 노자

어리석게도 나는 승려에게
"당신은 행복합니까?"라고 물었다.
승려는 응답했다.
"우리는 평안합니다."라고…….

바라보는 일과 기다리는 일, 이것이 아름다운 것에 대해 취해야 할 태도
다. 사람이 생각하고 바라고 원할 수 있는 동안은 아름다운 것은 나타나지
않는다.

-시몬느 베이유

황혼이 깃든 뜰을 거닐며
새들의 빛나는 행방을 생각한다.

– G. 트라클

어찌하여 푸른 산에 사냐 묻길래
웃고 대답 아니해도 마음 절로 한가롭네
복사꽃 흐르는 물 아득히 떠가거니
또 다른 세상일래, 인간이 아니로세

– 이백

사랑하는 이여, 깨어나라, 깨어나라, 그리고 내 말을 들어다오.

– 칼릴 지브란

충만하고 보람 있는 삶을 누리는 데는 네 가지 조건이 있습니다.

첫째는 생존력입니다. 곧, 몸을 튼튼히 하고 기력을 보존하며, 균형 잡힌 감정과, 민감한 마음, 직관력, 분명한 인생관이 있어야 합니다.

둘째는 여러 행동노선에서 현명한 선택을 하게 하는 지혜입니다.

셋째는 어느 만큼 이 선택에 따라서 살아갈 수 있는가 하는 당신의 한계입니다.

넷째는 자연의 아름다움 속에서 당신이 체험할 수 있는 조화로운 삶에 대한 자극입니다.

– 스코트 니어링

목적을 알 수 없는 매우 단순한 운동은
이미 그 자체가 의미 깊고, 비밀에 가득 차고,
뿐만 아니라 엄숙한 운동으로서 작용한다.

– 칸딘스키

무엇보다 그대 자신의 주인이 되라.
그러면 다른 것도 지배하게 될 것이다.
길고 긴 시간을 거쳐야만 그대는 사물의 중심에 도달한다.

– 발타자르 그라시안

결코 마음의 평정을 잃지 마라.
분노하지 않는 것은 중요한 지혜의 하나다.
평정을 잃지 않는 사람은 마음이 큰 사람이다.

- 발타자르 그라시안

먼 산에 흠뻑 봄비가 내리고
복숭아꽃, 살구꽃 울긋불긋 피었네.
산중이라 꽃 피어도 보는 이 없어
저 혼자 시냇물에 그림자 드리웠네

– 대희

한가로이 거니는 것 그것은 시간을 중단시키는 것이 아니라 시간에게 쫓겨 몰
리는 법 없이 오히려 시간과 조화를 이루는 것이다. 그것은 구애받지 않는 자
유로움을 의미한다.

– 피에르 쌍소

세상에서 가장 뛰어난 연설

– 토마스 머튼

밤에 홀로
숲 속에 앉아 있는 것은 얼마나
신비한 일인가.
이 순수한 빗소리
그것은 세상에서 가장 뛰어난 연설
마음을 위로해 주는 더없이 완벽한 설교
빈 자리마다 흘러가는 저 물의 이야기는
아무도 그것을 시작하지 않았고
아무도 그것을 그치게 하지 못한다.
비는 자신이 원할 때까지 말을 할 것이고
그것이 말을 하고 있는 한
나는 귀 기울여 들으리라.

"사람이 온 세상을 다 얻을지라도 자기 영혼을 잃으면 무슨 유익이 있으리오."

– 마태복음 16 : 26

무극이면서 태극이 있도다! 태극이 움직여 양을 낳고,
그 움직임이 극에 달하면 고요하게 된다. 태극이 고요하면
음을 낳고, 그 고요함이 극에 달하면 다시 움직인다.

– 노자

옳은 것을 보고, 그것을 따라하지 않는 것은, 용기가 부족한 탓이다.

– 공자

사랑하는 이여, 삶이란 얼마나 아름다운가요!
시인의 가슴처럼
빛과 영혼으로 가득 차 있습니다.

– 칼릴 지브란

어린애마다 알고 있습니다. 봄이 말하는 것을, 살아라. 자라라. 꽃피어라. 희망하라. 사랑하라. 기뻐하라. 새싹을 내밀라. 몸을 던지고 삶을 두려워하지 마라.

– 헤르만 헤세

따로 한적한 곳으로 가서 함께 좀 쉬자.

– 예수

나침반

- 기젤라 드레허-리헬

네 곳의 바람에게
내 사랑을 나누어준다

다섯 개의 장미꽃잎에
나는 피어난다

여기저기로
내 삶은 오간다

위와 아래의
중심을
찾으려 한다.

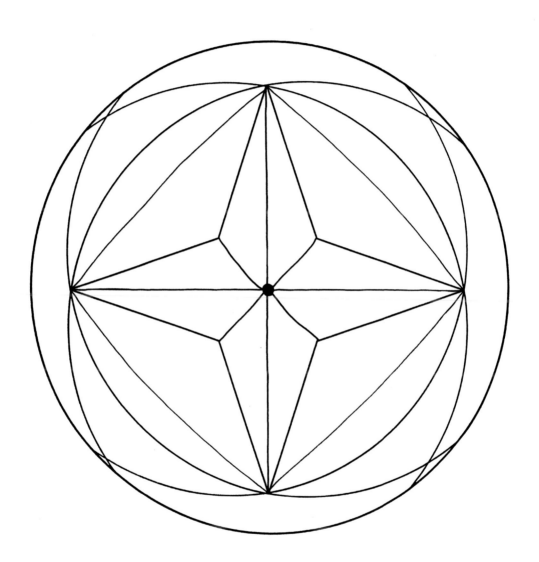

알 수 없어요

– 한용운

꽃도 없는 깊은 나무에 푸른 이끼를 거쳐서
옛 탑의 고요한 하늘을 스치는 알 수 없는 향기는
누구의 입김입니까?
근원을 알지도 못할 곳에서 나는 돌부리를
울리고 가늘게 흐르는 작은 시내는
굽이굽이 누구의 노래입니까.

나는 자연의 딸,
겨울에 옮겨져서
봄에 태어나고
여름에 자라나
가을엔 휴식하러 눕혀진다.

　　　　　　　– 칼릴 지브란

우리는 자신의 삶을 스스로 살펴봄으로써 은혜의 체험을 찾아보자……
우리는 오직 자아를 잊음으로써만 찾을 수 있다.

– 카알 라너

침 묵

– 폴커 디이터 볼프

침묵 속에서
고향을 찾는다
분열의 언어는
아무런 힘이
없어졌다

여기서
영혼은 느슨하게
숨을 쉬고

희망의 뿌리도
견고해진다.

있음과 없음은 서로 생하고
어려움과 쉬움은 서로 이루며
김과 짧음은 서로 겨루며
높음과 낮음은 서로 기울며
노래와 소리는 서로 어울리며
앞과 뒤는 서로 따른다.

           - 노자 제2장

명 상

– 뮈 쎄

농부가 씨를 뿌리고, 밭을 일굴 때,
보이는 것은 낟알, 소, 이랑뿐.
자연은 말없이 신비로운 작업을 완수하고
농부는 쟁기에 기대고 수확을 기다린다.
황혼 녘에 집으로 돌아온 농부에게 아내가
임신의 소식을 알릴 때 – 그는 아이를 기다린다.
노쇠하신 아버지에게 죽음이 엄습할 때,
그는 머리맡에 꿇어앉아 임종을 기다린다.

우리는 이보다 무엇을 아는가?……
인간의 지혜가 찾아낸 것이 또 있단 말인가?
광대한 우주에서 진리는 계속되었다.
수천 년간 인간의 지혜가 추구했던 것이 이것 아닌가?

뜰의 꽃
비 내리를 뜰
밤새 피는 꽃
새롭게 풍기는 맑은 향기
새벽 창에 스며든다.

                    - 승려

침착한

– 요셉 에이 필츠

침착한,
지혜로운,
명랑한

너는 이제
경계선에 있다.

내부로 하강하는
경계선에 있다.

너를 포기하는
경계선에 있다.

모든 순례자를 보호하는
경계선에 있다.

침착한,
지혜로운,
명랑한

이제 너는
경계선에 있다.

소원이 너무 많으면 거지가 된다.

– 티베트의 지혜

그대의 분노 위에 태양이 지게 하지 마라.

– 영국 속담

텅 빈 방 안에 여유 있는 한가함만이 있네.
오랫동안 새장 속에 갇혀 있다가
다시 자연 속으로 되돌아온 것일세

- 도연명

아름다운 것, 그것은 우리들의 주의를 그 위에 고정시키는 어떤 것이다.

– 시몬느 베이유

나의 영혼아,

위대한 스승이 가까이 계신다.

잠에서 깨어나라, 어서 눈을 뜨라.

'사랑하는 이'의 발 아래로 어서 달려가라.

그가 지금 머리맡에 서 있다.

수많은 생 동안

그대는 깊은 잠에 빠져 있었다.

이 아침에는

그대여, 눈을 뜨지 않겠는가?

– 까비르

예술작품이라는 것은 그것이 존재하고 있다는 것만으로 우리들에게 힘을 곁
들여 주는 것이다

– 시몬느 베이유

고요만이 모든 위대한 힘의 원천이다.

– 도스토예프스키

동경을 억눌러서는 안 되며, 동경에 전념해야 한다.

– 헤르만 헤세

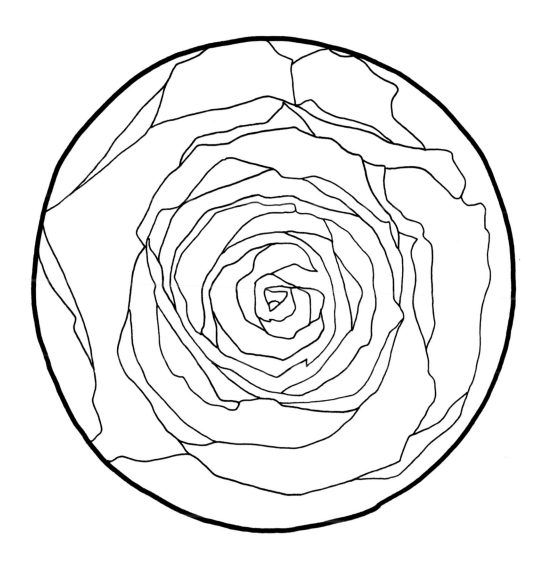

오! 나의 하느님 당신은 아시나이다.
지상에서 당신을 사랑하기 위해 나에게는 오늘 하루만이 있음을.

– 마더 테레사

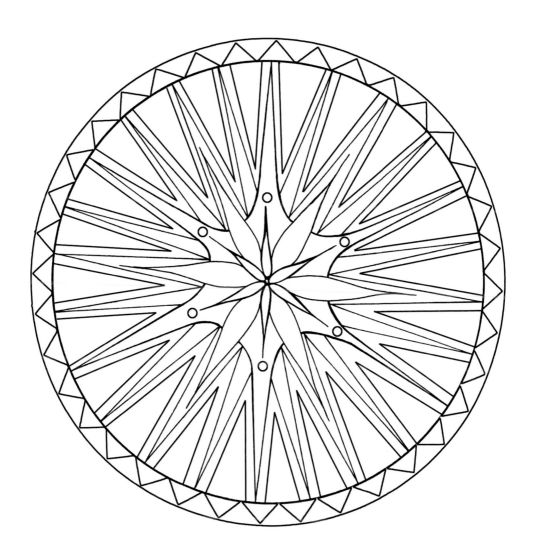

철저함과 깊이. 그것을 가져야만 훌륭하게 제 역할을 해낼 수 있다.
언제나 내면은 외양보다 더 큰 무엇이어야 한다.

– 발타자르 그라시안

겸손을 활동하지 않는 것과 혼동해서는 안 된다. 진정한 겸손은 용감하고 활동적이고 지속적인 봉사에 있다.

– 간디

일만 광년 크기의 원 안에서는
은하계가 봄날의 꽃처럼 피어 있는 걸 볼 수 있다.

– 나나오 사카키

우리가 현재의 고난과 요구에 대해 어느 정도 인간적이고 분별 있게 행동을 하면, 미래도 인간적이 될 수 있다.

– 헤르만 헤세

자기(自己)의 심연에 온 세상이 숨겨져 있다.

– 인도의 명언

자신의 처지에 만족하는 것은 가장 위대하고도 확실한 재산이다.

– 시세로

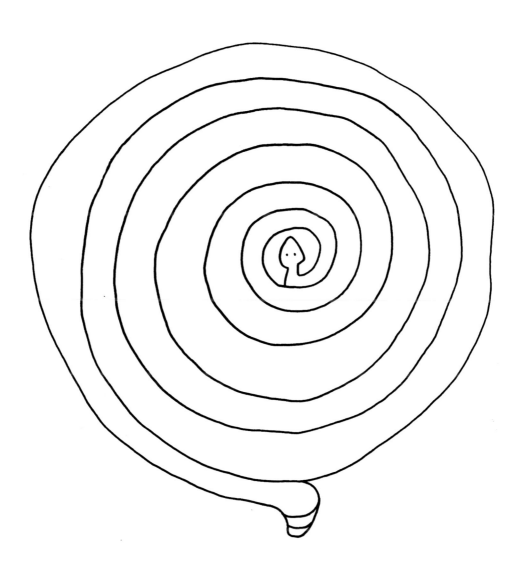

하늘은 너르고
땅은 오래간다
하늘과 땅이 너르고
또 오래갈 수 있는 것은,
자기를 고집하여 살고 있지 않기 때문이다

– 노자

실수를 범할 수 있는 피조물인 자유로운 인간은 훨씬 더 아름다운 것을 만들어
낼 수 있다.

- 지오 폰티

그대 자신에 대한 존경을 잃지 마라. 그리고 스스로 비천하게 되지 마라.

– 발타자르 그라시안

본다는 것은 우리에게 세계의 넓고 넓은 지평을 열어 준다.

– 카알 라너

네가 문들을 닫아 버리고 너의 방이 어두워지면,
결코 너 자신이 혼자라고 생각하지 마라.
왜냐하면 신이 너와 함께 계시니까…….

– 에픽테투스

하늘의 무지개를 바라보면
내 마음 뛰노나니,
나 어려서 그러하였고
어른 된 지금도 그러하거늘
나 늙어서도 그러할지어다,
아니면 이제라도 나의 목숨 거두어 가소서!

어린이는 어른의 아버지,
원하노니, 내 생애의 하루하루가
천생의 경건한 마음으로 이어지기를

– 윌리엄 워즈워스

목 표

– 기젤라 드레허–리헬

오늘을
원으로 그려 보아라

너는
아무런 생각 없이
너의 중심에
들어간다.

어떤 때도
너는
목표가 아니었다

바로
그렇게.

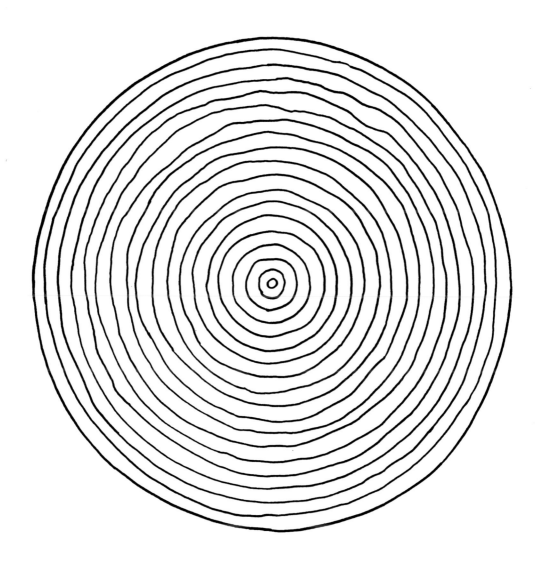

만다라 문양의 실례

파랗게, 땅 전체를 들어 올리는
봄 풀잎
하늘 무너지지 않게
떠받치고 있는 기둥
봄 풀잎

     – 정현종

나는 힘을 얻기 위해 노력한다.
나의 형제들보다 높은 사람이 되기 위해서가 아니라,
나의 가장 무서운 적인 나 자신과 싸우기 위해.

– 인디언 기도

당신은 배에 탔습니다.
당신은 항해를 했습니다.
당신은 해변에 도착했습니다.
이제 내리십시오.

– 아루렐리우스

인간의 모든 불행은 단 한 가지,
고요한 방에 들어앉아 휴식할 줄 모른다는 데서 비롯한다.

– 파스칼

이 덧없는 세상을 포기하라.
너 자신을 포기하라.
그리하여 달과 꽃들이
너를 깨달음의 길로 인도하리라.

　　　　　　　– 18세기 선승

아침이 오면
나와 미풍은 함께
빛을 선포한다.
저녁이면 새와 나는 빛에게 작별의 말을 한다.

                              – 칼릴 지브란

예전에 한 소녀는
날마다 날마다
내일은 오늘과 다르기를
바라면서 살았답니다.

          – 밴더빌트

무엇이든 하라,
그러나 그것에 기쁨이 있게 하라.

– 헨리 밀러

이 나라에는 어린 아기의 미소와 봄아침과
바닷소리가 합하여 사랑이 되었습니다.

도는 텅 비어 있다.
그러나 아무리 퍼내어 써도
고갈되지 않는다.
그윽하도다!

                            - 노자

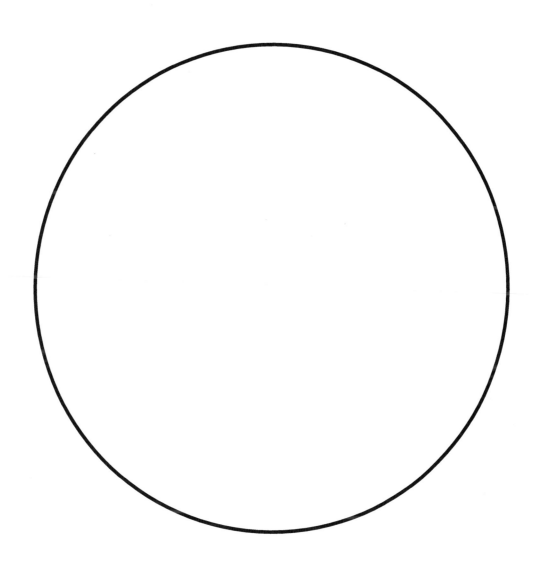

❀ 참고문헌 ❀

김용옥(2000). 노자와 21세기(상/하). 서울: 통나무.

김용환(1998). 만다라. 서울: 열화당.

도연명(1980). 귀거래혜사. 서울: 민음사.

류시화 엮음(1999). 민들레를 사랑하는 법. 서울: 나무심는사람.

석도열(2000). 만다라 이야기. 서울: 맑은소리.

이봉국 역(1974). *World's Best Loved Poems*. 서울: 한림출판사.

임경빈 외(1997). 숲속의 문화 문화속의 숲. 서울: 열화당.

정복상, 정이상(1996). 전통문양의 응용과 전개. 서울: 창지사.

한용운(1973). 한용운 시집. 서울: 정음사.

홍윤식(1996). 만다라. 서울: 대원사.

Bahit, M. (1978). *Navajo Sandpainting Art*. Tucson: Treasure Chest
　　Publications.

Balthasar, G. (1996). 세상을 보는 지혜(*Hand-Orakel und Kunst der Klugheit*)
　　(박민수 역). 서울: 둥지.

Becker, U. (1998). *Lexikon der Symbole*. Freiburg: Herder.

Bertelsmann GmbH (Hrsg.) (1998). *Die Schönsten Mandalas für alle
　　Jahreszeiten*. München: Orbis Verlag.

Chiazzari, S. (1998). *Das grobe Farbenbuch*. München: Wilheln Goldman Verlag.

Cornell, J. (1994). *Mandala*. Wheaton: Quest Books.

Dahlke, R. (1999). *Arbeitsbuch zur Mandala-Therapie*. München: Irisiana.

Dahlke, R. (1999). *Malblock zur Mandala-Therapie*. München: Irisiana.

Dörig, B. (1997). *Schenk dir ein Mandala! Heft 1. 2. 3.* Eschbach/Markgräflerland: Verlag am Eschbach.

Fiala, H. (1997). *Selbsterfahrung mit Mandala*. Steyr: Ennsthaler Verlag.

Fincher, S. F. (1991). *Creating Mandalas*. Boston & London: Shambhala.

Foster, A. E. (Hrsg.) (1998). *Hildegard von Bingen*. Freiburg: Herder.

Gibran, K, (1997). 눈물과 미소(*A Tear and a Smile*) (김승희 역). 서울: 문예출판사.

Gibran, K, (1997). 예언자(*The Prophet*) (강은교 역). 서울: 문예출판사. (원전은 1973년에 출간).

Goethe, J. W. (1997). *Farbenlehre*. Stuttgart: Freies Geistesleben.

Hund, W. (1997). *Mandalas für den Kindergarten*. Mülheim an der Ruhr: Verlag ander Ruhr.

Hund, W. (1997). *Mandala Workshop*. Mülheim an der Ruhr: Verlag an der Ruhr.

Huyser, A. (1996). *Das Mandala-Arbeitsbuch*. München: Goldmann.

Jaffe, A. (Hrsg.) (1962). *Erinnerungen, Träume, Gedanken von C. G. Jung*. Zürich: Buchclub Ex Libris.

Jung, C. G. (1982). *Der Mensch und seine Symbole*. Olten: Walter-Verlag.

Jung, C. G., Hall, C. S., & Jacobi, J. (1995). 융 심리학 해설(*Memories, Dreams, Reflections/The Primer of Jungian Psychology/The Psychology of C. G. Jung*) (설영환 편역). 서울: 선영사.

Kabir (1990). 여기 등불 하나가 심지도 없이 타고 있네(타고르 편. 류시화 역). 서울: 청맥.

Kandinsky, W. (1997). 예술에 있어서 정신적인 것에 대하여(*Über das Geistige in der Kunst*) (권영필 역). 서울: 열화당. (원전은 1912년에 출간).

Kastinger Riley, H. M. (1998). *Hildegard von Bingen*. Hamburg: Rowohlt Tsachenbuch Verlag.

Kaufmann, E. (Hrsg.) (2000). *Das Zentrum der Stille*. Lahr: Kaufmann.

Küstenmacher, M., & Küstenmacher, W. (1998). *Energie und Kraft durch Mandalas*. München: Ludwig Buchverlag.

Maschwitz, F., & Maschwitz, R. (1993). *Stille-Übungen mit Kindern*. München: Kösel.

Montessori, M. (1992). *Das Kreative Kind*. Freiburg: Herder.

Murty, K. (1998). *Malbuch Mandala*. Bern: O.W. Barth Verlag.

Musset, A. (1994). 비애(*Tristesse*) (안민재 역). 서울: 태학당.

Muths, C. (1998). *Farbtherapie*. München: Wilhelm Heyne Verlag.

Naess, I. (1996). *Colour Energy*. Vancouver: Colour Energy Corporation.

Nearing, H. (1997). 아름다운 삶, 사랑 그리고 마무리(*Loving and Leaving the Good Life*) (이석태 역). 서울: 보리. (원전은 1992년에 출간).

Oslie, P. (2000). *Life Colors*. Novato: New World Library.

Pawlik, J. (1992). *Goethe Farbenlehre*. Köln: DuMont.

Preuschoff, G. (1996). *Kinder zur Stille führen*. Freiburg: Herder.

Pütz, R. M. (1981). *Kunsttherapie*. Bielefeld: W. Bertelsman Verlag.

Rahner, K. (1980). 일상(*Theologische Meditationen. Bd. 5*) (장익 역). 왜관: 분도출판. (원전은 1969년에 출간).

Riedel, I. (1999). *Farben*. Stuttgart: Kreuz.

Riedel, I. (2000). 미술치료(*Maltherapie*) (정여주 역). 서울: 학지사. (원전은

1992년에 출간).

Rosengarten, J. (2000). *Mein kleines Mandala-Malbuch Indianer*. Würzburg: Edition Bücherbär.

Rosengarten, J. (2000). *Mein kleines Mandala-Malbuch Jahreszeiten*. Würzburg: Edition Bücherbär.

Rosengarten, J. (2000). *Mein kleines Mandala-Malbuch Tiere*. Würzburg: Edition Bücherbär.

Rosengarten, J. (2000). *Mein kleines Mandala-Malbuch Natur*. Würzburg: Edition Bücherbär.

Sahi, J. (1998). *Mandalas*. München: missio.

Sansot, P. (2000). 느리게 산다는 것의 의미(*Du Bon Usage De Lalenteur*) (김주경 역). 서울: 동문선. (원전은 1998년에 출간).

Schmeisser, M. (Hrsg.) (1997). *In der Mitte leben*. Im Alten Rathhaus: Eschbach.

von Franz, M. L. (1982). Der Individuation Sprozess. In C. G. Jung, M. L. von Franz, J. L. Henderson, J. Jacobi, & A. Jaffe (Hrsg.), *Der Mensch und Seine Symbole* (pp. 160-231). Olten: Walter Verlag.

Weil, S. (1988). 여기 존재의 이유가 (정성환 역). 서울: 지문사.

Wuillemet, S. (1998). *Zur Stille finden: Mandalas malen*. Ausburg: Pattloch.

Wuillemet, S., & Cavelius, A. (1998). *Natur-Mandalas malen*. Ausburg: Pattloch.

❁ 저자 소개 ❁

정여주(Jeong Yeoju)
독일 쾰른 대학교 교육학 석 · 박사
미술치료 전문가, 아동심리치료 전문가, 아동상담 전문가
전) 서울여자대학교 교수, 원광대학교 초빙교수, 동국대학교 겸임교수
현) 정여주미술치료연구소(www.jbaum.kr) 소장

〈주요 저 · 역서〉
미술치료의 이해(2판, 학지사, 2014)
만다라 미술치료: 이론과 실제(학지사, 2013)
미술교육과 문화(3판, 공저, 학지사, 2012)
정신분석적 미술치료(공역, 학지사, 2011)
만다라 그리기 시리즈(학지사, 2007, 2010)
노인미술치료(학지사, 2006)
치유로서의 그림(역, 학지사, 2006)
그림 속의 나(공역, 학지사, 2004)
루돌프 슈타이너의 인지학 예술치료(공역, 학지사, 2004)
색의 신비(역, 학지사, 2004)
상호작용놀이를 통한 집단상담(공저, 학지사, 2001)
융의 분석심리학에 기초한 미술치료(역, 학지사, 2000) 외 다수

만다라와 미술치료(2판)

내적 고요와 창의적 자아를 찾아가는 여행
Mandala and Art Therapy (2nd ed.)

2001년 8월 15일 1판 1쇄 발행
2012년 2월 25일 1판 12쇄 발행
2014년 8월 25일 2판 1쇄 발행
2023년 3월 20일 2판 4쇄 발행

지은이 • 정 여 주
펴낸이 • 김 진 환
펴낸곳 • (주) **학지사**

　　　　04031 서울특별시 마포구 양화로 15길 20 마인드월드빌딩 5층

대표전화 • 02) 330-5114　　　팩스 • 02) 324-2345

등록번호 • 제313-2006-000265호

홈페이지 • http://www.hakjisa.co.kr
페이스북 • https://www.facebook.com/hakjisabook

ISBN 978-89-997-0462-8 93180

정가 **15,000원**

출판미디어기업 **학지사**

간호보건의학출판 **학지사메디컬** www.hakjisamd.co.kr
심리검사연구소 **인싸이트** www.inpsyt.co.kr
학술논문서비스 **뉴논문** www.newnonmun.com
원격교육연수원 **카운피아** www.counpia.com

행·복·한·만·다·라·그·리·기·시·리·즈

만다라 그리기

정여주 지음 | 전50권

대상별 세트가 35,000원(10권)

전 대상 세트가 175,000원(50권)

만다라 문양을 창의적으로 색칠하며
마음을 치유하도록 돕는 워크북

만다라는 고대 인도 산스크리트어로 원이다. 만다라 그리기는 문양이 있는 만다라를 선택하여 색칠을 하는 것과 스스로 만다라를 그리는 방법으로 나눌 수 있는데, 초기에는 문양이 있는 만다라를 선택하는 편이 낫다. 50권으로 구성된 『만다라 그리기 시리즈』는 다양한 도구를 이용해 만다라 문양을 창의적으로 색칠하며 마음을 치유하도록 돕는 워크북이다. 각 권마다 20개의 만다라 밑그림이 수록되어 밑그림을 따라 색칠할 수 있고, 마지막 부분에서는 각자 자유롭게 그릴 수 있도록 원형의 빈 공간을 준비하였다.

● **대상별 세트 구성** 유아/아동/청소년/성인/노인편—각 10권

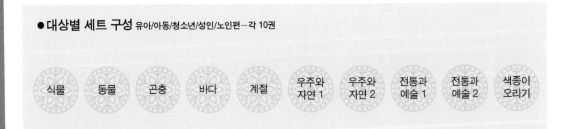

| 식물 | 동물 | 곤충 | 바다 | 계절 | 우주와 자연 1 | 우주와 자연 2 | 전통과 예술 1 | 전통과 예술 2 | 색종이 오리기 |

[만다라 그리기의 기대효과]

- 인지정서 발달 _ 색감각, 형태감각, 미적 감각이 증가한다.
- 집중력 강화 _ 집중력이 증가하며 마음의 중심을 발견한다.
- 학습능력 증진 _ 창의적인 아이디어와 관찰력이 증가한다.
- 스트레스 완화 _ 감정조절 능력이 증가하고 수용적이고 너그러워진다.
- 노화 · 치매예방 _ 소근육 운동력과 손과 눈의 협응력을 높이고 내적 균형과 에너지의 통합을 이룬다.

[만다라 그리기의 적용 영역]

* 명상과 영성체험 * 창의력 개발 * 교육 및 범교과 학습영역 * 자기성장 및 인성 계발
* 미술치료 * 상담과 심리치료 * 재활치료 * 스트레스 및 위기극복 프로그램